新媒体环境下的学习与评价

——基于 E-Learning Portfolio 的实践研究

马 炅 著

科 学 出 版 社

北 京

内 容 简 介

本书在梳理电子档案袋起源、发展和演变历程的基础上，对电子学习档案袋学习与评价的理论进行了探讨，自主开发了一个过程评价型电子学习档案袋平台，并在此平台上进行了基于过程性评价的实践探索，对学习与评价的数据运用社会网络分析的方法进行了定量的研究。

本书可作为教育技术学及教育类专业本科生选修教材，也可作为教育学或与教育技术学相关专业的硕士研究生教材；亦可供相关专业的高校教师及教育学研究者参考。

图书在版编目(CIP)数据

新媒体环境下的学习与评价：基于 E-Learning Portfolio 的实践研究/马眃著.
—北京：科学出版社，2015.4
ISBN 978-7-03-044156-0

Ⅰ.①新… Ⅱ.①马… Ⅲ.①电子档案－档案管理 Ⅳ.①G276

中国版本图书馆 CIP 数据核字(2015)第 081141 号

责任编辑：陈　静／责任校对：桂伟利
责任印制：张　倩／封面设计：迷底书装

科学出版社 出版
北京东黄城根北街 16 号
邮政编码：100717
http://www.sciencep.com

北京通州皇家印刷厂 印刷

科学出版社发行　各地新华书店经销

*

2015 年 4 月第 一 版　开本：720×1 000　1/16
2015 年 4 月第一次印刷　印张：9
字数：180 000

定价：48.00 元

(如有印装质量问题，我社负责调换)

前　　言

进入 21 世纪，计算机和网络技术的发展突飞猛进，人类已进入了信息时代，教育信息化的浪潮席卷全球。教学所基于的媒体已实现了从传统媒体到新媒体的转变，它为教育信息化提供了最为强大的技术支持。今天的教育，无论从观念到内容，还是从方法到手段、从模式到过程都发生了全方位、系统和根本性的变革。

电子档案袋(E-Portfolio)评价是依托于现代信息技术和网络技术而对教育教学过程进行真实性评价并关注评价的过程性、反思性功能的一种有效的质性评价方式。其出现的实质是全球化知识经济和网络社会背景下教与学变革的一种体现，是一种极具潜力的教学评价方式和学习技术。

本书系统地分析了基于新媒体环境下的电子档案袋的起源、概念及特点，对电子档案袋在国内外研究与应用现状以及存在的问题进行了深入探讨，回顾了电子档案袋平台发展经历的几个主要阶段并对现有的电子档案袋替代平台进行了比较。对新媒体环境下的电子档案袋学习与评价的理论基础，如行为主义学习理论、建构主义学习理论和布鲁姆的教育目标分类学，进行了详细的阐述并对其各自的局限性进行了探讨。在分析了基于电子学习档案袋的过程性评价的理念和特征后，设计了适用于多媒体电子作品的评价量规，设计并开发了一个过程评价型的电子学习档案袋平台，将其运用于学生的学习与评价中，对电子档案袋评价促进学生有效学习的效果进行了分析。将社会网络分析的方法运用到研究中，对班级学习互动形成的咨询网络关系进行了定量的研究并对电子档案袋评价过程的数据运用社会网络的方法进行了定量的分析。

作者根据多年从事教育信息化教学与实践的经验与学习心得，特别是在教育部人文社会科学规划课题经费的支持下，对于新媒体环境下基于电子学习档案袋的学习与评价的实践活动，进行了比较系统和详细的研究。将社会网络分析这种在社会科学领域使用的定量研究方法，引入电子档案袋学习平台的数据分析与研究中，注重对学生实践能力的训练，从研究方法上来说，有一定的突破，研究的结论有一定的借鉴意义。

本书是作者教育部人文社会科学规划课题《电子档案袋评价促进民族院校学生实践能力培养的实证研究》的研究成果之一。

本书的出版，得到了西北民族大学专项出版基金的资助，在出版过程中得到了民族教育专家马德山教授的大力支持和帮助，在此表示感谢。

本书在编写过程中，参考和引用了大量目前比较成熟的研究成果，有关著作和论文已在参考文献中列出，一些来自网络的资料由于无法确定作者身份，在参考文献中以网址的形式列出，在此向所有参考文献的作者表示衷心的感谢。

由于作者水平有限，在本书的编写过程中难免存在疏漏，还望各位专家、同仁和读者不吝赐教并提出批评，邮箱：majiong63@foxmail.com。

马　炅

2015 年 1 月于兰州

目　　录

绪论　教育评价的社会背景

人类传播的历史与人类的发展历史几乎一样长，可以说人类的发展历程就是一部媒体传播发展的历程。从社会发展的历史长河来看，人类传播史就是人类在生产和交往活动中不断创造和使用新的传播媒介的过程，是社会信息系统不断走向发达和完善的历史。同时，人类信息传播的历史也是一部人类知识传承或者人类教育的历史，通过信息传播，人类将自己与大自然搏斗中积累的知识和经验传承给后人，后人在继承前人经验的基础上，总结出新的知识与经验，通过各种媒体工具，将新的知识与经验总结并传承给后人。今天，人类具有高度发达的智慧和文明，这些文明都离不开对古人智慧和经验的继承，而这些都需要人类的教育。所以，同样可以认为，人类的发展历史也是一部人类教育发展的历史。

在当今世界，教育科学研究被划分为三大领域，即教育基础理论研究、教育发展研究和教育评价研究。《中国教育改革和发展纲要》中指出：建立各级各类教育的质量标准和评估指标体系，各地教育部门要把检查评估学校教育质量作为一项经常性的任务[1]。教育评价已成为我国教育行政部门、教育督导部门和学校管理工作者检查、监督、反馈及改进学校工作的有效手段。

从理论上来说，相应于不同的教育教学评价分类视角，存在不同的教育教学评价表现形式。例如，从功能分类视角来看，有诊断性评价、形成性评价、终结性评价；从参照对象分类视角来看，有相对评价、绝对评价；从评价者分类视角来看，有他评和自评；从评价实施度量方式来看，有定量评价和定性评价……就教育教学评价的作用来说，有诊断、改进和导向等主要功能和作用，从这点来说，目前教育教学评价正在由注重评价功能的终结性结果评价方式走向越来越注重评价的过程性作用和功能，于是有跟形成性评价相关的发展性评价、过程性评价、真实性评价等不同的评价表现形式出现。

当前正在全面推进的教育改革呼唤着教学评价模式的改革，教学评价模式的改革可以推进教师专业化水平的发展和学生综合素质的提高。但现行的教学评价模式存在着如评价主体单一、评价目的有偏差及评价方式形式化，只重视效果评价等方面的不足。重视的仍是教学评价的鉴定功能，即评估作用、考量作用和分层定级作用。当前的教学评价改革，应在发展性评价观的指导下，既要有对现行教学评价制度的改革和完善，也要有新的评价方法的运用。为了适应这种新的教学评价标准，电子档案袋评价就应运而生了。

电子档案袋评价是基于网络信息技术实现对学习过程进行真实性评价、注重过程性评价的一种具体实施方法和手段，是新媒体环境下的一种重要的教育与评价的手段。

电子学习档案袋是在学习档案袋的基础上发展而来的，电子档案袋的内容以一种计算机可读的形式存在，电子档案袋具有低存储空间、可长时间保存、管理便捷等特点，随着信息技术的发展和普及，其在教育教学中的研究和应用也日益广泛。电子学习档案袋是学习者运用信息手段表现和展示学习者在学习过程中关于学习目的、学习活动、学习成果、学习业绩、学习付出、学业进步以及关于学习过程和学习结果进行反思的有关学习的一种集合体。主要内容包括学习作品、学习参与、学习选择、学习策略、学习反思等材料，主要用于现代学习活动中对学习和知识的管理、评价、讨论、设计等，主要由学习者本人在他人(如教师、学伴、助学者等)的协助下完成，档案的内容和标准选择等必须体现学习者的参与。目前大部分学习者独立制作电子学习档案袋没有可依靠的制作工具，且已有的电子学习档案袋系统功能都比较片面，评价系统不够全面，不能很好地结合日常的学习，这使得电子学习档案袋制作耗费的时间比较长，容易挫伤学习者使用电子学习档案袋的积极性。

在信息化高速发展的时代，电子学习档案袋主要借助计算机或计算机网络这种新媒体作为平台，通过移动存储设备或网络进行传播。以前，电子学习档案袋大多上传到学校等机构的服务器，管理员或教师通过服务器对电子学习档案袋进行管理。电子学习档案袋服务器管理大致有两种形式：一种是在服务器上建立集体文件夹，为每个学习成员建立个人文件夹，学习者在个人文件夹中上传、编辑电子学习档案袋，管理人员拥有对所有文件夹查看和编辑的权限；另一种形式是为每个学习成员分配一定空间，学习成员将自己的电子学习档案袋上传到个人空间，管理者拥有各个学习空间的查看和删除权限。可以看出，在这些管理方式中，管理人员基本是手动管理电子学习档案袋，没有任何辅助系统，管理人员无法简单地将电子学习档案袋管理和学习成员管理结合起来，不能简捷地控制成员对不同电子学习档案袋的权限，管理人员也期待电子学习档案袋平台的出现。今天，借助动态网页制作和数据库技术，开发一款基于过程性的能实现多元评价的电子学习档案袋平台成为可能。

相对于传统注重结果分数的考试来说，基于电子档案袋的评价方式的出现，其实质是全球化知识经济社会背景下教与学变革的一种体现。评价是价值的判断，那么以什么价值尺度来作为教育教学的价值判断依据，直接影响评价的结果和评价的方式。任何社会发展阶段，都有与之相应的社会整体价值观体系的存在。教育教学评价的价值判断标准要能够反映社会发展历史阶段的整体价值观。当今全球化知识经济社会的发展，使得创新成为民族的灵魂、国家存亡的关键，变革学习、学会学习、终身学习成为时代的旋律，学会做事、学会共同生活、学会生存成为创新人才的必备生存方式和生存能力。

学习资源的全球分布，学习机会的不断涌现，生命成长完全打破了传统学校围墙的限制，个体学习空间有了前所未有的突破，学习不再是灌输的行为，学习是生命的发展与成长过程，学习是主体的自我觉醒与自我超越。学习是行动的体悟，学习是交往，学习是协作。学习的主体是人，是学习者自身。

电子档案袋评价要能够反映社会发展对人才创新、能力培养的需求，对人才学习化社会生存能力的要求，对个体生命觉醒与自我超越的终身学习要求。从以上意义来说，对电子档案袋在教育教学领域的应用的研究具有积极的意义。

第1章 从传统媒体到新媒体

在信息传播过程中，语言符号系统的产生标志着人类彻底摆脱了动物传播状态。文字、印刷、电子媒介等体外化信息系统的形成，意味着人类传播的能力不断扩展、效率不断提高，这个过程也是社会信息系统的相对自立性不断加强、对人类社会发展的推动和制约作用不断增大的过程，信息社会的发展趋势就充分说明了这一点。

1.1 媒 体

1.1.1 媒体的概念

"媒体"或"媒介"，指传播信息或资讯的载体，即信息传播过程中从传播者到接受者之间携带和传递信息的一切形式的物质工具。1943年美国图书馆协会的《战后公共图书馆的准则》一书中首次作为术语使用，现在已成为各种传播工具的总称，如电影、电视、广播、印刷品(书刊、杂志、报纸)，而自从计算机普及以来，网络媒体在计算机网络中亦成为一种新形式的传播媒体。

媒体的英文单词是 Medium(单数)或 Media(复数)。

《现代汉语词典》中对媒体的定义是：指交流、传播信息的工具，如报刊、广播、广告等。

《现代英汉词典》中对媒介的定义是：数据记录的载体，包括磁带、光盘、软盘等。

在维基百科上，关于媒体或媒介的解释是，让双方发生关系的联系人或事物；现代的解释是使事物之间发生关系的物质。此外，媒体或媒介还可以指介质，物理学上，是指容许另一种物质存在于本身的物质。大众媒体或传播媒体，指传播资讯的媒体[2]。

1.1.2 媒体的分类

国际电话电报咨询委员会(Consultative Committee on International Telecommunications and Telegraph，CCITT)将媒体分为感觉媒体、表示媒体、表现媒体、存储媒体和传输媒体五种类型。

1. 感觉媒体

感觉媒体指的是能直接作用于人们的感觉器官，从而能使人产生直接感觉的媒体，如文字、数据、声音、图形、图像等。在多媒体计算机技术中，媒体一般指的是感觉媒体。

2. 表示媒体

表示媒体指的是为了传输感觉媒体而人为研究出来的媒体，借助此种媒体，能有效地存储感觉媒体或将感觉媒体从一个地方传送到另一个地方，如语言编码、电报码、条形码等。

3. 表现媒体

表现媒体指的是用于通信中使电信号和感觉媒体之间产生转换的媒体，如输入、输出设备，包括键盘、鼠标器、显示器、打印机等。

4. 存储媒体

存储媒体指的是用于存放表示媒体的媒介，如纸张、磁带、磁盘、光盘等。

5. 传输媒体

传输媒体指的是用于传输某种信号的物理媒介，如双绞线、电缆、光纤等。

1.2　媒介传播的历史进程

根据媒介产生和发展的历史脉络，可以把迄今为止的人类传播活动区分为以下几个发展阶段：口语传播阶段、文字传播阶段、印刷传播阶段、电子传播阶段和网络传播阶段。但是，这个历史进程并不是媒介依次取代的过程，而是依次叠加的过程。

1.2.1　口语传播阶段

口语传播(oral communication)是人类传播活动的第一个发展阶段，这一阶段大致从人类摆脱"与狼共舞"的野蛮状态、组成原始社会开始，一直到文字的出现。

语言是人类区别于其他动物的一个重要标志，人类口语的产生无疑大大加速了人类社会进化和发展的进程，口语依然是人类最基本、最常用和最灵活的传播手段，但是，作为音声符号的口语是有其局限性的。

第一，口语是靠人体的发声功能传递信息的，由于人体能量的限制，口语只能在很近的距离内传递和交流；

第二，口语使用的音声符号是一种转瞬即逝的事物，记录性较差，口语信息的保存和积累只能依赖于人脑的记忆力。

因此，口语受到时间和空间的巨大限制，在没有如电话等口语媒介的情况下，它只能适用于较小规模的、近距离社会群体或部落内的信息传播。

1.2.2 文字传播阶段

文字传播(literal communication)是人类传播发展史上第二座里程碑。如果说语言的产生使人类彻底摆脱了动物状态，那么文字的出现就使人类进入了一个更高的文明发展阶段。

第一，文字克服了音声语言的转瞬即逝性，它能够把信息长久保存下来，使人类知识、经验的积累、储存不再单纯地依赖人类的有限记忆力；

第二，文字能够把信息传递到遥远的地方，打破了音声语言的距离限制，扩展了人类的交流和社会活动的空间；

第三，文字的出现使人类文化的传承不再依赖容易变形的神话或传说，而有了确切可靠的资料和文献依据[3]。

总之，文字的产生使人类传播在时间和空间两个领域都发生了重大变革。文字作为人类掌握的第一套体外化符号系统，它的产生也大大加速了人类利用体外化媒介系统的进程。

1.2.3 印刷传播阶段

印刷传播(press communication)时代的到来，是建立在纸张和印刷术发明的基础上的。造纸术和印刷术的发明是中华民族为世界文明作出的两大贡献，早在公元 105 年，中国东汉时代的蔡伦在总结前人经验的基础上，造出了结实耐磨的植物纤维纸。在唐代，中国已经出现了雕版印刷技术；公元 1045 年，宋代的毕昇发明了胶泥活字印刷术。随后，中国的造纸术和印刷术广泛流传到东南亚和西方各国，为推动世界文明和人类传播的发展作出了重大贡献。

印刷术的发明标志着人类已经掌握了复制文字信息的技术原理，有了对信息进行批量生产的观念。但是在中国，由于封建社会的政治、经济和文化条件的制约，中国的印刷事业长期停滞在小作坊手工作业和人力劳动的水平上。

直到 15 世纪 50 年代，德国工匠古登堡在中国活字印刷和油墨技术的基础上创造了金属活字排版印刷，并把造酒用的压榨机改装成印刷机，才使文字信息的机械化生产和大量复制成为可能。古登堡的印刷术标志着印刷时代的新纪元。在

20 世纪末，印刷媒介已经高度普及，书籍、报纸、杂志等出版物作为人们每天获得信息、知识、娱乐的基本渠道之一，在社会生活的各个领域都发挥着重大的作用。

20 世纪 80 年代以来，随着电子信息技术的飞速发展，激光排版、计算机编辑、网络传输等新传播技术在印刷出版领域也得到了广泛的应用。科学技术的进步，使印刷出版业正在面临一场新的革命。

印刷传播阶段的一些重要历史事件：

(1) 公元 105 年，中国人蔡伦发明造纸术。

(2) 公元 1045 年，中国人毕昇发明胶泥活字印刷术。

(3) 公元 1450 年，德国工匠古登堡发明金属活字印刷术。

1.2.4 电子传播阶段

电子传播(electronic communication)最重要的贡献之一就是实现了信息的远距离快速传输。电子媒介为人类传播带来的变革并不仅是空间距离和速度的突破。从人类社会信息系统的发展角度来看，电子媒介还在另外两个方面具有里程碑的意义：它形成了人类体外化的声音信息系统和体外化的影像信息系统。这两个体外化信息系统的形成，使人类文化的传承内容更加丰富，感觉更加直观，依据更加可靠。

它们使人类知识经验的积累和文化传承的效率及质量产生了新的飞跃。不仅如此，电子技术的发展还推动了计算机的诞生，"电脑"开始执行人脑的部分功能。计算机兼有信息处理、记忆和传输功能，信息处理的速度快、精度高，记忆也比人脑更加牢靠。计算机的出现，意味着人脑这一信息处理中枢也开始了体外化的进程。电子传播技术的发展，使人类进入了一个全新的、前所未有的信息社会。

电子传播阶段的一些重要历史事件：

(1) 1837 年，美国人莫尔斯发明电报机。

(2) 1857 年，横跨大西洋海底电报电缆完成。

(3) 1875 年，贝尔发明了电话。

(4) 1895 年，俄国人波波夫和意大利人马可尼同时成功研制了无线电接收机。

(5) 1895 年，法国的卢米埃尔兄弟，在巴黎首映第一部电影。

(6) 1912 年，泰坦尼克号沉船事件中，无线电技术救了 700 多条人命。

(7) 1913 年，收音机问世。

(8) 1925 年 10 月，英国人贝尔德成功进行了电视画面的传送，被誉为电视发明人。

(9) 1962 年，美国发射第一颗人造卫星，开启电视卫星传送的时代。

1.2.5　网络传播阶段

网络传播(internet communication)阶段的标志是，世界上第一台电子计算机(Electronic Numerical Integrator And Computer，ENIAC，电子数字积分器与计算机)的出现。它是由美国科学家研制的，诞生于美国的宾夕法尼亚大学，于 1946 年 2 月 14 日在费城开始运行。

而计算机网络则出现在 20 世纪 50 年代，计算机网络是计算机技术与通信技术结合的产物。第一个出现的计算机网络是 ARPANET，它也是 Internet 的前身。它出现于 20 世纪 60 年代，是美国国防部下达的用于军事目的的科研项目。它出现的背景是美苏两个超级大国之间的冷战，由美国国防部高级研究计划署(Advanced Research Project Agency，ARPA)出资，研究一种适应战争、能够很好地生存的命令和控制网络。这种网络诞生于实验室，被称作 ARPANET，是第一个现代意义的计算机网络[4]。

此后，ARPANET 逐渐脱离了研究之初的军事目的，在教育和科研等领域获得了更大的发展。之后，ARPANET 分化为两支：一支演变为军事用途的网络；另一支则演变成今天家喻户晓的 Internet。

中国现代媒体委员会常务副主任诗兰认为，网络传播有三个基本的特点：全球性、交互性、超文本链接方式。因此，其给网络传播下的定义是：以全球海量信息为背景、以海量参与者为对象，参与者同时又是信息接收与发布者并随时可以对信息作出反馈，它的文本形成与阅读是在各种文本之间随意链接、并以文化程度不同而形成各种意义的超文本中完成的[5]。

有学者认为"网络传播"是 20 世纪 90 年代出现于传播学中的一个新名词，是相对三大传播媒体即报纸、广播、电视之外的新传播途径和方式，是以多媒体、网络化、数字化技术为核心的国际互联网络传播，也称为网络传播，是现代信息革命的产物。

综合来说，所谓网络传播其实就是指通过计算机网络的人类信息(包括新闻、知识等)传播活动，在网络传播中的信息，以数字形式存储在光、磁等存储介质上，通过计算机网络高速传播，并通过计算机或类似设备阅读使用。网络传播以计算机通信网络为基础，进行信息传递、交流和利用，从而达到其社会文化传播的目的。网络传播的读者人数巨大，可以通过互联网高速传播。

当前，关于网络传播的特点，可归纳为以下几个方面：

(1)信息的海量性和开放性；

(2)空前的强时效性；

(3)多媒体功能；

(4)高度的交互性与易检性；

(5)传播环境的个性化。

网络传播阶段的一些重要历史事件：

(1)1946 年，诞生了世界上第一台电子计算机 ENIAC。

(2)1969 年，美军建立 ARPANET，目的是预防遭受攻击时，通信中断。

(3)1983 年，美国国防部将 ARPANET 分为军网和民网，民用网络渐渐演变为今天的互联网。

(4)1993 年，美国宣布兴建信息高速公路计划，整合计算机、电话、电视等多种媒体[6]。

1.3　从传统媒体到新媒体

西方当代媒体理论家马丁·里斯特和乔恩·杜维等在《新媒体：批判性导言》一书中指出：首先，"新媒体"是广义的概念，它的确切意义一时难以概括，但它似乎又囊括了日常生活中所有我们熟知的事物，通常它与所谓的"旧媒体"即传统媒体相对，从这个意义上讲，新媒体概念的内涵和外延都是非常宽泛的。既然与"旧媒体"相对，那"新媒体"暗示的就是旧有的媒体所不具备的属性和价值。可以说，"新媒体"预示着媒体在内容和形式上的历史性变革。

1.3.1　对新媒体的解读

学术界对于新媒体并没有一个准确的定义，人们普遍认同新媒体是在新的技术支撑下出现的媒体状态。新媒体具有诸多形式，如互联网门户网站、BBS、博客、搜索引擎、聊天室等，它们都具有门槛低、交互性强、平等交流、深入互动等特点，这些也是它们区别于传统媒体的根本属性。

由于互联网所具备的强大信息传播功能，新媒体在社会生活中扮演着媒体的角色，相对于报刊、广播、电视等传统媒体，被称为"第四媒体"。

新媒体至少包含如下含义：

(1)新型的文本体验，如由超文本、电子游戏和电影特效而产生的"惊诧的体验"；

(2)对现实与世界新的呈现方式，如虚拟现实中的"沉浸感"和网络中的"交互性"；

(3)主体(在线用户、新媒体受众)与新技术之间的新型关系；

(4)传统媒体与新媒体之间新的传承与互动等。

新媒体的特点可以概括为：数字化、交互性、超链接、分布式结构、虚拟现实与网络化的生存模式[7]。

1.3.2　传统媒体和新媒体的分类及特征

将传统媒体和新媒体进行分类及特征比较，如表 1-1 所示。

表 1-1　传统媒体与新媒体的分类及特征比较

媒体类型	媒体示例	媒体特征		媒体分类
第一媒体	报纸、杂志、图书、宣传单、海报、手册	纸介媒体，依赖纸张和油墨		传统媒体
第二媒体	广播、收音机、电台、留声机	收音机终端，模拟音频信号		
第三媒体	电视、高清电视	电视终端，模拟图像信号		
第四媒体	数字电视、数字电影、数字动画	依靠传统媒介终端，传统媒体的数字化延伸，媒介生产流程数字化		新媒体
	互联网、IPTV、网络视频、宽带、网站、博客、光盘、电子书、电子杂志	依靠计算机终端，基于数字化网络的媒体，以交互性为主要特征	交互媒体	
第五媒体	智能手机、iPhone、iPad、MP3、电子书阅读器、3G 网络、4G 网络	移动便携式媒体，基于无线宽带的数字化网络媒体		

从表 1-1 可以看出以下几个方面。

(1)第一媒体主要是指报纸、杂志、图书、宣传单、海报、手册等，是纸介媒体。第一媒体的主要特征是依赖纸张和油墨。

(2)第二媒体主要是指广播、收音机、电台、留声机等，主要依赖收音机为信息接收终端，采用模拟音频信号。

(3)第三媒体主要是电视机，包括高清电视机，依赖电视作为信息接收的终端，采用模拟图像信号。

(4)第四媒体有两大部分：一部分是数字电视、数字电影、数字动画等，依靠传统媒介作为终端，由模拟信号变为数字信号，是传统媒体的数字化延伸；另一部分是互联网、IPTV、网络视频、宽带、网站、博客、光盘、电子书、电子杂志等，其主要特征是依靠计算机终端，是基于数字化网络的媒体，以交互性为主要特征。

(5)第五媒体主要有智能手机、iPhone、iPad、MP3、MP4、MP5、电子书阅读器等，基于 3G 网络、4G 网络，属于移动便携式媒体，基于无线宽带网络，同样以交互性为主要特征。

第一媒体、第二媒体和第三媒体，属于所谓的"传统媒体"的范畴，第四媒体和第五媒体，属于"新媒体"的范畴。交互媒体毫无疑问属于新媒体的范畴，但不能说新媒体都是交互媒体，第四媒体中的数字电视、数字电影、数字动画等不完全具有交互性，但无疑也是属于新媒体的，所以，不能完全将新媒体等同于交互媒体，虽然交互性是新媒体的重要特征之一。

1.3.3　传统媒体到新媒体的转变是一种必然

在今天新媒体迅猛发展的背景下，传统媒体感受到的压力是前所未有的，改变是必需的。

传统媒体需要的改变将绝不仅是随便做个网站把自己电视上或者报刊上的内容直接放到网站上。这种简单的移花接木是没有出息的做法，没有出息就不会有出路。在新媒体的冲击下，传统媒体必须深层地、全方位地从内核上改变自己，才有可能凤凰涅槃，重获新生。

1.　内容本身要改变

未来传统媒体上的内容将必须是实时的并且是不断更新的。未来互联网上几乎所有媒体的所有内容都将呈现"文字+图片+视频+互动/社区"的"四合一"形态。未来越来越多的故事和活动会在不同的媒体平台上平行展开，成为彻头彻尾的跨媒体活动。未来越来越多的传统媒体会利用博客、播客、微信等新媒体手段扩大自己的信息来源，贴近自己的目标受众，未来还会有越来越多的传统媒体不得不与受众进行更完美而彻底的互动。

2.　媒体的传输方式需要改变

我们消费内容正在变得像消费麦当劳一样，随时随地，想起来就拿，拿起来就走。没有任何一个主流媒体可以仅依赖一种传输方式，因为主流人群正在习惯同时使用多种信息和娱乐终端。无论是电视、广播还是报纸、杂志等传统媒体，都必须学会为自己的受众提供多种获取内容方式的选择。

3.　经营和业务拓展的方式也需要改变

传统媒体要想颠覆新媒体是不太可能的，因为这是发展的大趋势。在这种情况下，为了少走弯路，传统媒体应该学会充分利用别人的经验与资源，同时学会同别人分享利益，尽快将自己与新媒体有机地融合。

第2章 研究方法和研究对象

2.1 研究方法

课题的研究综合采用以下几种研究方法。

1. 文献研究法

课题的研究，从多学科、多角度开展对情报资料的比较研究，根据国内外研究动态，借鉴已有的研究成果和经验教训，了解电子档案袋的概念、特点，在国外的起源与发展现状，在国内的研究现状等。

2. 观察法

作者在授课过程中，从学生的电子档案袋学习日志中观察每个学生的成长过程，鼓励学生在电子档案袋平台上学习时，进行自我评价和相互评价，教师对每个学生的学习成果及时进行回复与评价，对学生的学习和评价的过程进行细致的观察和记录，获得第一手的资料。

3. 调查法

在学习的中期和后期，设计问卷，针对学生利用电子档案袋平台进行的学习和评价过程，调查了解通过电子档案袋平台进行的学习是否促进了学生的有效学习，学生学习的过程中存在什么样的问题，有什么样的意见和建议。

4. 社会网络分析法

将社会学领域应用较为广泛的社会网络分析法，运用到基于电子档案袋的学习评价研究中，这是一个突破。调查研究以西北民族大学现代教育技术学院部分学生基于电子档案袋平台进行学习和评价的数据为样本基础，用社会网络分析的方法，对这个学习和评价的过程进行量化的分析，了解基于电子档案袋平台进行学习和评价的活动，是否有助于学生学习能力的提高，以及哪些能力得到了提高。并选定一个少数民族学生为主体的班级为研究对象，以魁克哈特的网络分类理论为指导，研究班级组成的社会网络成员之间的咨询关系，试图归纳出这种社会网络的基本现状，找到存在的问题。

2.2 研 究 对 象

本书以西北民族大学现代教育技术学院的部分学生为研究对象，研究过程涉及教育技术学专业的三个年级六个班级的学生共 209 名，每个班级通过在电子档案袋平台上进行专业课程的学习与评价活动，教师获得第一手的研究资料，进行数据的统计和分析，为研究的完成打下了良好的基础。

第3章　电子档案袋的概念与特点

本书主要研究的是运用电子档案袋进行学习和评价的过程中，如何促进学生的学习和实践能力的提高。为此，我们先对电子档案袋的概念、发展历程及现状进行基本的了解。

3.1　电子档案袋的概念

3.1.1　档案袋的起源

对于"档案"一词，大家都很熟悉，它是一种对过去相关资料的存档，如"人事档案"、"组织档案"。作为一个公职人员，某种程度上说，档案就是一个人的生命，伴随着主人调动工作，在升迁时要审查个人档案，每个人都知道档案对一个人的重要性。

档案(portfolio，本意是文件夹、公文包)体系的起源最早可以追溯到早期的艺术家和摄影师，这些艺术家和摄影师用档案袋的形式保存个人的优秀作品。在这种体系中，创作者提交的档案中集中了他在某一领域的优秀作品。例如，摄影师提交最好的肖像、最好的彩色照片、黑白照片、旅游照片和运动照片等。艺术家和摄影师根据社会的和自己的规则来判定、挑选、组织自己的作品，并在某些特定场合展示，以表明自己的进步和成就。在档案的发展过程中，其功能不断扩展，技术不断改进，成为人们自身学习与职业发展过程中自我表现和自我管理的一种有效手段。

3.1.2　学习档案袋的概念

随着各种学习理论、学习技术的日渐完善，在人们的学习和发展过程中出现了一种新的学习管理工具和方式——学习档案(learning portfolio)。

学习档案是学生在学习过程中所做的努力、取得的进步以及反思学习成果的一个集合体。通常，它以一个文件夹的形式收藏每个学生具有代表性的学习成果(作业、作品)和反思报告。通过建立学习档案袋，可以督促学生经常检查他们所完成的作业，在自主选出比较满意的作品的过程中，反思他们的学习方法和学习成果，培养他们学习的自主性和自信心。学习档案也为老师、家长和其他人提供学生进步的记录。因此，学习档案就成了观察学生学习成果和学习进步过程的窗口。虽然学习档案只收集所选择的部分作业，但它却体现了学生参与评价的主体过程，学生自主参与对学习档案内容的选择，学生对学习档案内容进行自我反思，学生自己确定内容选择的标准。

作为一种评价形式的学习档案袋往往装有经由学习者精选并收藏的作业，以便显示随时间推移而出现的成长和发生的变化。这种评价性质的档案袋关键要素是除了包含对整个档案袋的整体性反思，通常还包含学习者对个人作业的局部反思。

2000 年格兰特·维根斯(Grant·Wiggins)将档案袋定义为："一个人代表性(典型性)作品的收集，作品样本适合一个特定的目的，为了检阅和展览辗转各地。"

美国西北评价联合会(Northwest Evaluation Association)的教育工作者对档案袋所下定义更为具体："档案袋是对学生作品(作业)的一种有目的的搜集，这些作品要能够展示学生在一个或多个领域中付出的努力，取得的进步或成就。收集过程必须包括学生在内容选择、挑选准则的确定等方面的积极参与；档案袋中还要包括判断价值的准则和学生自我反思的证据。"[8]

应用在教育领域的档案袋的传统形式是以纸张为主，通常保存在马尼拉文件夹、三环活页夹或更大的容器之内。这些典型制品通常由文本和图片构成，尽管也有时包含录像或录音带。

1999 年哈特内尔·杨等(Hartnell·Young)根据开发目的不同将档案袋分为三种：学习性档案袋(形成性档案袋)，通常出现在专业(职业)发展的历程之中；评定性档案袋(总结性档案袋)，通常出现在正式评价过程的背景中；求职性档案袋(自我推销性档案袋)，通常用于寻找工作。此外，也有人将档案袋划分为作品档案袋、陈列柜或最佳作品档案袋、评定性档案袋等。

3.1.3 电子档案袋的定义

电子学习档案袋，一般简称电子学档或电子档案袋。

电子档案袋是在学习档案袋的基础上发展而来的，是学习档案袋的电子化。国外一般将电子档案袋称为 Electronic Portfolio(缩写为 E-Portfolio)，或 E-Learning Portfolio(缩写为 ELP)，即电子学习档案袋。

从发展的角度看，由于技术的进步和信息技术在教育教学中的应用，电子学习档案袋也随着技术的发展与时俱进，由最初的纸质学习档案袋发展到多种介质学习档案袋，再到多媒体学习档案袋，到今天的以计算机网络为基础的电子学习档案袋，我们清晰地看到学习档案袋走的是一条技术发展的道路。

以下是几种当今社会比较认可的电子档案袋的定义。

加州大学伯克利分校有关电子档案袋的研究，给出了电子档案袋的定义，即一个高度个性化、可定制的网络信息管理系统。学生可以通过它展示、证明自己个人的和与他人协作的成长、成就和学习过程。

海伦·巴雷特(Helen·Barrett)是国际公认的电子档案袋评价方法研究专家，她将电子档案袋定义为应用电子技术，允许档案袋开发者以多种媒体形式收集、组织档案袋内容，包括音频、视频、图片和文本等。基于标准的档案袋采用数据库或超级链接，使自身成长目标、典型作业和教学反思之间的关系清晰地呈现出来[9]。

钟志贤认为，学习档案是反映学生在学习过程中关于学习目的、活动、成果、付出、进步以及对学习过程和结果进行反思的一种集合体[10]。

何克抗认为，电子档案袋是由教师和学生搜集的，主要用于存放反映学生学习过程和学习进步的各类学习成果，如文章、美术作品、文学作品、作业、试卷、评语、调查记录、照片等，可以是一学年的，也可以是一个学期的[11]。

关于什么是电子学档，虽然还没有形成一个被国内外学者广泛认同的说法，但还是取得了些许共识。综合参考国内外已有定义，我们认为电子档案袋是指在现代信息社会，以计算机技术和网络技术为基础，学生运用各种信息技术手段，以多种媒体形式记录、收集和展示与学生学习过程相关的各种材料和信息的集合体，是以学为中心的教学活动的产物。

综上所述，电子档案袋是一种采用电子化的媒体来记录、保存、展现学生学习过程、学习评价、反思和学习成果的信息化管理系统。

电子档案袋作为 21 世纪个人学习评价空间，其发展应用是大势所趋。一方面，档案袋记录学生成长的"故事"，是评价其最终发展水平和进步过程的理想方式，能向教师、家长和学生反映学生思考和解决问题的能力、运用策略和程序性技能的能力，以及建构知识的能力。另一方面，档案袋可以反映学生的毅力、努力、上进心、自我监控学习的技能、自我反省或元认知能力，为教师提供其他手段无法提供的很多有关学生学习与发展的重要信息。

3.2　电子学习档案袋的特点

1. 数字化

强调学习者运用各种信息技术进行学习与反思、学习和评价的过程，学习的阶段性成果和最终成果以数字化的形式储存。在学习过程中，强调学生运用各种信息技术进行学习表达，是一种非常直接的基于信息技术的数字化的学习和评价手段。

2. 过程性

传统的学习评价目标偏重的是最后成绩的评定，考察的是学习者对知识的记忆程度。而电子学习档案袋是过程性评价与终结性评价相结合，更注重过程性。电子学习档案袋记录学生在整个学习过程中所经历的事，如学习活动、行为记录，学习态度、情感的变化，课程计划的制订与更改等。在电子学习档案袋上，每个学生都能发现自己在学习上的点点滴滴的进步，因而，他们对于改进自己的学习状况感兴趣，对自己的学习任务产生了责任感。他们会主动探索如何来规划和改进自己的学习进程和学习效果。实质上这是一种基于学习者真实作品或表现的过程性评价的一种方式。

3. 自主性

学习者是电子学习档案袋内容的主要决策者，也是对电子学习档案袋内容进行分析、诊断、评定的主要人员，是整个学习过程的主导者。在电子学习档案袋的创作过程中，鼓励集体协作和学生全员参与，其核心是学生作为学习者独立思考和创新，学生可以自行决定在电子学习档案袋中存放哪些内容，自己决定如何组织这些内容。自主性还体现在电子学习档案袋是个人学习和成长的记录，因此，电子学习档案袋将呈现出个人风格。

4. 开放性

电子学习档案袋可以通过网络与教师、家长及学习伙伴共享学习成果，从而达到自我评价、同伴评价和教师评价等多种评价方式的有机结合。学习者是电子学习档案袋内容的主要决策者，也是对电子学习档案袋内容进行分析、诊断、评定的主要人员，是整个学习过程的主导者，学习者本身就参与学习评价。

5. 情境真实性

电子学习档案袋贯穿整个学习过程的始终，记录了学习者整个学习和成长的历程，再现了学习者学习的真实情境，真正体现了课程、学习和评价的一体化。

6. 评价多元性

教师、家长、学习伙伴及学习者都参与到学习过程中，前三者主要起指导与促进作用，后者主要是进行自我反思与自我评价，从而实现了学习评价过程的多元化。同时，评价的方式也是多元化的，在电子学习档案袋上，相互之间的评价方式可以采用评语评价，也可以采用等第评价，根据需要还可以采用量规评价，真正实现了多元评价。

7. 强调激励与反思

电子学习档案袋中学生作品的发布会成为其他同学参考和学习的榜样，激发起大家的潜在的竞争意识和热情，创设了一种合作互动的学习氛围，学生的学习积极性得到有效的提高。同时，教师、家长、学习伙伴的评价与自我反思贯穿于整个学习过程。通过这些评价与反思，更能激发学习兴趣、维持学习活动和开发学习潜能。学生通过电子学习档案袋可以检视自己的学习，通过反省来制订进一步的学习目标。

3.3　电子档案袋的类型

哈特内尔·杨等根据开发目的，将档案袋分为三种[12]：

(1)学习性档案袋(形成性档案袋)；

(2)评定性档案袋(总结性档案袋)；

(3)求职性档案袋(自我推销性档案袋)。

美国南卡罗来纳大学教育心理学教授格莱德勒以不同的功能为标准，将档案袋分为：理想型、展示型、文件型、评价型和课堂型五种[13]。

参考前人对档案袋分类的研究成果，结合当今实际，我们将电子档案袋做以下一些分类。

1. 展示型电子档案袋

展示型电子档案袋(Presentation e-Portfolios)完全由学生负责选择自己最好的或最喜欢的作品，里面包括学生个人在家里或学校制作的作品。由于选择作品的原因多种多样，所以每个学生的展示型档案袋里面的内容和其他学生是不同的。由于教师对展示型档案袋里的内容控制较少，加上学生选择内容的原因各异，所以展示型电子档案袋可能不能提供教师需要的关于教学或学生在教学要求方面的进步的信息，也不一定与教师关注的教学重点相一致。

展示型电子档案袋的主要使用者是学生自己，其主要目的是学生对自己作品的反思。展示型电子档案袋是不能用来进行评价的，也不能提供学生进步或成长的连续信息。但是，展示型电子档案袋能让教师以一种新的视角来探寻学生对作品的反思以及他们学习的方法。

2. 文件型电子档案袋

文件型电子档案袋最早来源于幼儿教育，包括系统的、正在进行的记录和学生进步的样本。其目的是记载学生一段时间内的学习情况，采用的方法是教师观察、轶事记录、访谈以及学生活动，材料往往是教师放进档案袋的。

文件型档案袋极少用于评估，主要是描述学生一段时间内的进步以及教师的期望，许多教师往往保留这些文件很多年，作为其记录系统的一部分，也是教师与家长联系的工具。

教师和家长是文件型档案袋的主要使用者，他们通过这些信息了解学生成长的更全面的信息，以帮助学生设定今后的目标，制订教学以及家庭支持的计划。

3. 评价型电子档案袋

评价型电子档案袋(Assessment e-Portfolios)和上面两种类型的电子档案袋完全不同，这种电子档案袋的主要目的是收集事实以系统地评价学生的学习，并将结果报告给其他人，这些档案袋要按照特定的目的或学习者的结果进行评分或赋予等级。评价型电子档案袋的动力往往来自于一个地区或学校所进行的大规模的评价活动，有时是替代或补充基于标准化考试的评估。

评价型电子档案袋的使用者主要是课堂之外对学生的学习感兴趣的人们。重要的是，评价型档案袋应该能够进行可靠的评分，当档案袋里面的内容不同时，评分往往是非常复杂的。因此，评价型电子档案袋试图通过简化评价任务、统一评价要求以及指导电子档案袋里面应该放什么材料来保证评分过程的可信度，有的甚至把特定的评分表也放入其中。

评价型电子档案袋并非经常使用，往往是一年一次或在需要划分等级水平的时候使用，这与标准化考试类似，但评价型档案袋的内容主要是教师选择的，以反映学生学习结果及对结果的反思等方面的内容。评价型电子档案袋的评分者主要是教师，教师在评分的过程中需要遵循一定的标准，清楚哪些对学生是重要的，这对提高教师的教学水平、制订有效的教学策略以及阐明对学生表现的期望都是很有帮助的。当然，学生也是学习评价的一分子，学生也可以参与到评价的过程中，进行自我评价和小组评价。

值得一提的是，在大规模的评价中采用电子档案袋评价的做法在美国和西方其他国家的学术界还存在争议，还处在试验和探索阶段，主要原因是评价的信度和效度都有待提高。因此，我们也要十分慎重地使用。

4. 过程型电子档案袋

过程型电子档案袋包括对作品本身产生过程的记载以及对作品的反思两个方面。

第一方面，过程型电子档案袋包括作品从萌芽到最终定型的过程。例如，对于学生发表一篇小说的记载，就包括提纲、初稿、教师和其他人的反馈意见、编辑的修改意见和批示等，每个片段都包括作者的写作过程以及使用的各种写作技巧和策略。

第二方面，过程型电子档案袋还必须包括学生对作品的反思过程。在完成作品的每个阶段，都要预留一定的时间给学生进行反思，包括评价他们自己的作品，了解自己在一段时间内的成长或进步，使用过程中的作品讨论比学生的最终学习作品更为重要，这更能培养学生的思维能力。尽管也有一些内在的评价过程型电子档案袋的标准，但过程型电子档案袋极少进行评分或评等级。过程型档案袋的使用者更多的是在课堂之内，不像其他类型的档案袋呈现最好的或最终的作品，过程型电子档案袋更关注学习的过程，试图通过学习过程来培养学生的思维能力。

5. 复合型电子档案袋

以上每种电子档案袋都是极其有用的，但同时每种电子档案袋也都有一定的局限性，而复合型电子档案袋则是对上述几种档案袋的综合。

复合型电子档案袋既结合了展示型和文件型电子档案袋的特点，注重学习作品的收集，包括各个方面的成分，如学生作品的收集、教师作品的展示和示范。另一方面，又注重学习过程中阶段性作品的收集，认为学习过程是培养学生正确思维方式和思维能力的重要手段，同时，运用自我评价、同伴评价和教师评价为主的多元评价手段，将过程性学习和评价结合起来，能促进学习能力和思维能力的提高[14]。

3.4　电子档案袋的功能

1. 电子档案袋的作用

电子档案袋或电子学习档案袋作为学习评价的一种有力工具，可起到如下的作用。

1)记录学习者成长过程

电子档案袋可以保存和记录学习者在学习过程中所收藏和创作的不同类型作品,特别是不同学习范围的论文、项目和主题。记录了学习者学习与成长的痕迹,学习者据此可以更好地确定学习目标、制订学习计划、明确学习任务、提高学习效率。

2)激发学习者兴趣

电子档案袋记录了学习者的整个学习过程,可以反映学习者的学习态度、学习理念、学习方法与学习策略,反映学习者在某时期的学习动态、学习心理。通过重新浏览和学习,有利于激起学习者进一步学习的欲望。

3)培养学习者自主学习能力

通过对学习资料的收集与整理,学习过程的多元评价,学习者可以明确自己的目标,确定需要加强与改进的领域,加强自我反思,培养自主学习的意识,促进自主学习能力的提高。

4)培养学习者协作、交流的能力

电子学习档案袋中的多元评价方式的有机结合,可以促进协作学习和协作评价,学习者通过分析和反思自己完成学习目标的情况,通过与学习伙伴和指导教师之间的交流,有助于学习者自己以及教师评估他们的学习进步和发展。

5)培养学习者的实践、创新能力

基于电子档案袋的学习是围绕着学习过程和评价活动展开的,这可以激发学习者的参与热情,在参与中促进课程学习与实际应用的联系,通过学习者之间的相互评价和协作学习,锻炼了思维能力,培养了学习者的创新能力[15]。

2. 对电子档案袋功能的进一步理解

由以面对电子档案袋概念和功能的分析可知,对于电子档案袋评价的概念和功能,我们很难给出一个非常确定性的界定和描述。为了进一步对它加深认识和理解,我们可以进一步从以下几个不同的层面和视角来进行讨论。

1)从评价方式来看

电子档案袋评价可以看做一种过程性评价、真实性评价和发展性评价的具体表现形式,或者具体实施方法和策略。在这个意义上,电子档案袋评价是一种评价方式,它注重过程,注重评价的真实性,注重评价的发展性功能。

2)从评价作用来看

电子档案袋评价应该以促进学习为直接目的,以过程性评价为主的多元评价为手段, 以培养学习者学习能力和创新思维方式, 进而促进人的全面发展、专业成长为宗旨, 而不是单纯为了评价而评价。

3) 从评价主体对象来看

欧盟制订的计划是, 到 2010 年使每一个社会公民都有自己的电子档案袋, 这个目标已经基本实现。因此在今天全球信息化浪潮和注重终身学习的社会背景下, 对于电子档案袋评价的理解, 不能仅拘泥于课堂教学的电子档案袋评价这个狭隘的地方。应该看到, 电子档案袋的评价是伴随人一生的成长过程的, 终身学习的过程必然伴随着终身的学习评价过程。而其评价主体也是多种多样的, 具体表现有学生的电子档案袋评价、教师的电子档案袋评价、企业员工的电子档案袋评价等。具体到一个人来说, 伴随不同的人生阶段, 电子档案袋评价具体功能操作也相应地有所不同。

4) 就学生阶段的电子档案袋评价具体功能来说

就学生阶段的电子档案袋评价具体功能来说, 首先应该是能够促进反思、促进交流、促进以自我为导向学习的发生; 其次是能够进行作品的编辑和展示; 最后是存储和管理个人信息等。

综合上述对电子档案袋评价的描述, 与其说电子档案袋是一种评价方式, 还不如说它是随社会进步和新媒体技术的发展而产生的一种完全个性化的学习环境的创设与发展, 这是一个学习空间, 是一个以学习者个人为中心的完全个性化的终身学习的空间。学习的展开就是学习者从这里开始不断地优化学习的"内外网络", 电子档案袋是个体学习优化内外网络的桥梁, 它显性化了学习者的内部认知结构网络, 优化管理了学习者的外部信息网络。这是一个虚拟的空间, 然而却是鲜活生命的展现, 正因如此, 评价的可能性才得以存在。

图 3-1 是师生在电子档案袋平台上的互动交流活动。

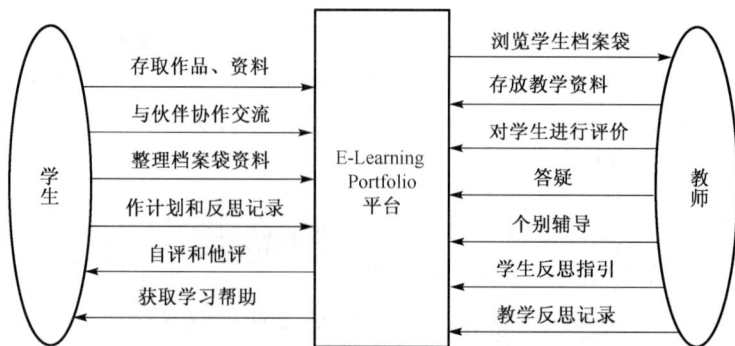

图 3-1　师生在电子档案袋平台上的互动交流活动

　　学生在电子档案袋平台上可以存取作品和个人资料，整理个人档案袋资料，与学习伙伴进行协作交流，制订个人学习计划并进行学习反思，对学习的阶段性和最终的成果进行自我评价和同伴评价，对于学习困难者，也可以在这个平台上获得学习帮助。

　　教师在这个电子档案袋平台上，可以浏览学生的档案袋以便了解其学习情况，也可以存放教学资料，这些教学资料也可以共享给学生，对学生的学习成果进行评价，对学生存在的问题进行答疑或个别辅导，对学生的学习反思进行引导，同时教师也可以在电子档案袋上记录下个人教学方面的一些反思，在促进学生学习进步的同时，教师其实和学生是一起进步的。

第4章 电子档案袋研究与应用现状

4.1 电子档案袋评价的起源

档案袋评价(portfolio assessment)是由美国发起的一种评价技术,迄今已有30多年的历史了。最早使用档案袋评价的是摄影师、画家,他们收集自己感到满意的作品,定期向他们的代理人展示自己的成果。

Portfolio 的译义是公文包或档案袋,其用途是收集各种资料、档案。过去的资料都是用文字记载到竹片、帛和纸张上的。当需要某些资料时,人们用一个"公文包"把它们整理到一起,便于出示给别人。如果目的不同就需要不同的资料集合,人们把"公文包"里原来的资料拿出来进行重新整合,选出需要的资料放到"公文包"里,所以 portfolio 是一个按需要存放不同资料集合的工具。后来这种方法迅速在学校领域普及,用于对学生和教师的评价。随着信息化程度的逐渐提高,人们开始习惯于运用计算机进行学习、工作,通过网络进行交流、沟通,刻录光盘存储信息。数字信息伴随人们从出生、接受教育到工作,渗透到生活的方方面面。无论学生、教师还是其他工作岗位上的人,随着生活经历的增长会拥有越来越多有用的数字信息。整个社会需要存储、重复使用的数字信息量也日益增多,小到用键盘敲出的课后作业电子文稿,大到群体开发的软件项目产品,在信息化环境下我们都需要以数字信息的方式进行存储。在不同的场合为了不同的目的(如求职、考核),我们也需要把这些资料按不同的集合呈现出来。以这种方式生成的 portfolio 就是 Electronic Portfolio,即电子档案袋。

国外对学习档案袋进行研究,主要源于西方的评价改革。1967 年,任教于美国哈佛大学教育学院的哥德曼教授认为,艺术应该成为一种重要的认知活动,基于这一信念,发起了艺术教育活动,在哈佛大学教育学院开展了"零点项目",采用了档案袋评价的方法。到了 1972 年,"零点项目"得到提出"多元智能理论"的著名心理学家加德纳(Gardner)的继承和发展,其影响从美国本土扩展到世界各国[16]。

国外对电子档案袋进行卓有成效的研究始于 20 世纪 80 年代,这里首届一指的应该是美国的宾夕法尼亚大学,该校的信息服务中心为每一个在校学生提供

1GB 的在线存储空间，教师指导学生按照一定的科目标准在网上建立个人电子档案袋，进行了长期的电子档案袋促进有效教学的研究，积累了比较丰富的研究成果。由于各学科的特点不同，教师的要求也不相同，所以学生的电子档案袋的结构也不同，但是总体来讲包括以下三大内容。

(1)专业证据：论文、实验报告、项目计划、小组合作、作文样本、国外研究、实习情况等。

(2)课外证据：学生社团、社区服务、运动项目、领导力、参与的活动等。

(3)个人证据：反思、日志、旅游、家庭、社区服务、工作经历等。发布的形式有：文本——网页格式(HTML)、PDF 格式；图片——JPG、GIF 格式；声音——WAV、MOV 格式；视频——MOV 格式等[17]。

美国加州大学伯克利分校所进行的电子档案袋评价实施的可行性研究为电子档案袋的后续研究奠定了基础。

美国电子档案袋协会在 2003 年 4 月召开了一次年会，协会成员和与会代表对电子档案袋项目进行了广泛的讨论，计划出版发行电子档案袋白皮书(electronic portfolio white paper)。之后这个学术团体在华盛顿特区召开了第二次会议，再次追加一批成员进入档案袋项目的合作中，通过电子邮件、电视电话会议进行更深入的研究，对电子档案袋的概念、特性、使用潜力、技术路线、水平、发展方向、商业价值及框架方案等方面达成了共识。该协会对美国电子档案袋的发展起到了理论和实践指导的作用[18]。

4.2　电子档案袋在国外的应用现状

电子档案袋在 20 世纪 80 年代末 90 年代初就已经问世，到如今相关文献已经对电子档案袋的基础理论进行了很多讨论和研究。人们开始在电子档案袋的应用方面做进一步深入研究。信息技术为电子档案袋这一多媒体内容学习工具提供了适合生长的土壤，电子档案袋的应用正处于繁荣初期。越来越多的单位在招聘时也要求应聘人员出示其电子档案袋，用以了解应聘人员的学习背景和创新能力，这为电子档案袋提供了良好的现实基础和需求背景。

欧美国家电子档案袋的制作普及面较广，尤其是高校，部分欧美国家的中小学也开始探索使用电子档案袋。政府和教育机构推出了一些措施，鼓励电子档案袋的推广，一些商家也开始寻求开发电子档案袋的支持工具。个别学校正逐步打破个人随意制作电子档案袋的局面，建立各种电子档案袋的服务平台，使电子档案袋更合理、更充分地用于学习。

4.2.1　政府和教育机构大力推广

美国教育部为师范大学的技术教育拨款 120 万美元，为未来教师使用技术做准备（Preparing Tomorrow's Teachers to Use Technology，PT3）是 122 个接受拨款机构之一，这项为期三年的拨款项目已经取得一定进展。PT3 机构所属的西密歇根大学要求修英语的初等教育技术专业学生建立自己的电子档案袋，展示学习成果和学习反思。

另一个美国基层教育机构是电子档案袋行动委员会（Electronic Portfolio Action Committee，EPAC）。阿拉斯加大学的 Helen·Barrett 是 EPAC 的主要创始人之一，多年来一直致力于电子学档应用的研究。麻省理工学院和斯坦福大学的开发知识主动性（Open Knowledge Initiative，OKI，为一个组织机构）为其提供指导和顾问，并将电子档案袋作为提高本校师生技术水平的一个主要途径。卡内基财团一直为 EPAC 提供支持，所以这个机构带动了许多大学加入电子档案袋使用的行列。

4.2.2　在学校中的应用

在美国，有几百家高校开始使用电子档案袋。其中教育院校的使用情况比较好，因为权威机构要求这类学校的电子档案袋比其他院校能更好地组织学生作品，要求学校有更完善的管理电子档案袋的途径。在有些州（如密歇根州），州内所有高校都开始使用电子档案袋。美国罗得岛州立大学拥有三个不同的平台支持电子档案袋的使用，这所学校也在尝试新建一个电子档案袋支持平台。

除了美国，在世界上许多国家包括西班牙、英国、芬兰、南非和澳大利亚，电子档案袋都被看做一种 21 世纪最具创新性的学习工具，其应用范围越来越广。

4.2.3　商家在行动

在电子档案袋应用方面，由于政府和教育部门越来越重视应用并加大投资力度。嗅觉灵敏的商家也不甘落后，想要抓住这一机遇。虽然不久前商人甚至还不知道电子档案袋是什么，但是商机就是巨大的动力，现在已经有多家开发商和 IT 公司着手开发电子档案袋制作工具，辅助学习者进行多媒体制作和电子档案袋制作。一些研究机构和高校已经着手进行这方面的研发，但是市面上目前还没有比较流行的相关产品[19]。

4.3　国外电子档案袋应用存在的问题与反思

以美国为代表的欧美国家，在电子档案袋的研究领域处于领先地位，在取得长足发展的同时，也暴露出一些问题，值得认真分析和反思。

1. 不能让学生自主地控制学习环境

目前国外现有的电子档案袋不能让学生自主地控制学习环境，也不能自主创造数字平台以便更容易和别人交流，更不能创造他们自己的交流方式来促进个人的发展。在电子档案袋环境中，由于有太多的支持引导反而不能给学习者更多的任务，电子档案袋就像一个充满各种窗体和包装任务的展示体，强行引导学生按照他们的要求进行学习，供学生自主学习的方式很难实现。

2. 还不能完全动态地适应学习过程、课程以及评价的变化

根据国外电子档案袋的发展情况，无论在项目的建设水平上，还是在整个校园应用层面上，电子档案袋都在不断地变化着，而问题是电子档案袋的变化很难完全适应学生学习过程的变化。如何将变化的学习过程移植到电子档案袋中？怎样改变反馈的质量促进深层次学习？档案袋中结构性的方法和课程能够变化吗？当学生参与到档案袋的使用进程中，能否使他们更快地掌握主修课中必需的知识和技巧？……这些问题成了国外目前电子档案袋研究机构探讨的热点。

3. 没有过程性的指导策略

有关研究表明，学生的受益主要来自于作品的取得、主题的研究、信息的分析以及自己的观察描绘等获得问题解决的过程。很多档案袋没有一种过程性的指导策略，造成了许多学生不能更好地学习并取得有效成绩，同时学生在使用这些过程性策略时如果没有一定的学习经验，则也不可能采用潜移默化、循序渐进的方式进行学习。

4. 缺少持续的激励机制，不能使学生长期保持学习动机

通过对美国佩恩州立大学学习项目的研究，我们了解到，44%的学生完成了与电子档案袋相关的学业后不再使用电子档案袋，电子档案袋仅是出于课程需要而被强制使用，那么一旦课程学完后如何保持学习者继续使用电子档案袋的动机呢？所有这些都是电了档案袋设计者急需解决的问题，也是档案袋使用者所关心的问题。

5. 管理机构混乱且相互隔离

目前美国许多大学和学院都在使用电子档案袋，但是很多科研院校、研究机构、教育管理机构和地方中小学都从自身角度出发各搞一套电子档案袋，各自为政，在使用过程中很少有相关的学生参与，并且在一个相互隔离的部门、项目和

课程的环境中，都企图用电子档案袋促进学生的学习和评价、升学就业指导等，结果造成了管理机构混乱、部分内容重复、不能调动学习者的使用兴趣。

6. 评价目标不明确，没有具可行性的操作方法

作品的收集被认为是使用电子档案袋的一种重要手段，但很多机构认为学生课堂学习的过程、成绩及其反馈等作为一种评价证据，它的目标是产生比传统的考试更丰富、更多的评价。到底以哪些依据作为评价依据，目前没有定论。电子档案袋研究表明，可信资料的收集、综合和分析一定来自于学生、教师、研究者和管理者(管理者通过电子档案袋的使用并和学生、教师、研究者的合作来促进教和学)，而档案袋中没有合理的操作步骤、人员分工及其相应的解释等使用条件，并且制订的目标太大而导致不确定性的因素，所以学生和教师都不情愿参与到电子档案袋的使用中。因而太大的目标导致了电子档案袋使用上的混乱和失败。

7. 电子档案袋中学习者各个阶段的发展缺乏连续性

电子档案袋具有多重目标，从中小学电子档案袋到高等教育电子档案袋，最后到个人的职业电子档案袋，连续发展中其目标都不尽相同，但从初等教育到高等教育和职业教育，发展没有连续的、统一的宏观目标，且每个阶段之间缺乏过渡性，因而从目标的发展方面充满着更加深远的挑战。

8. 不能完全实现以学生为中心的学习

在电子档案袋的平台下，知识的学习很难以学生为中心，电子档案袋的设计和开发者很少能真正把学生的意见整合到电子档案袋中，其实这种被要求整合的意见才是管理者和一些教师应该考虑的最重要的意见。由于过分强调评价，电子档案袋中的栏目设计往往把学生的观点和所关心的问题放置在不太重要的地方。

4.4　国内电子档案袋的研究现状

电子档案袋在国内的研究历史并不长，电子档案袋的概念还不够深入人心，在国内还没有较大规模的应用，许多中小学教师甚至不知道电子档案袋是什么。电子档案袋的应用比较典型的例子，就是在校方提供的网上空间建立的个人网页，这些个人网页将学生的个人信息和作品展示出来，实现了资料收集、展示和互评的意义，但是在评价方面起的作用却比较弱，功能不够强大。一些学习管理软件和平台也含有收集学生作品的功能，部分实现了电子档案袋的功能，但不能算完整意义上的电子档案袋。例如，首都师范大学开发的一个教师专业发展培训平台，它为每个用户提供一个文件夹用于存储个人信息，用户可以添加任何内容，虽然它实际上只是一个文件的集合，还称不上完全的电子档案袋，但以发展的眼光看它又是电子档案袋的雏形。

4.4.1　国内研究现状

国内第一篇关于电子档案袋研究的论文发表于 2000 年。之后，关于电子档案袋的研究论文逐年增多。以中国期刊网为平台，用相关关键词"电子档案袋"、"电子学档"、"E-Portfolio"等进行文献检索，从检索文献进行分析、统计。结果显示，国内电子档案袋的研究主要集中在高等院校，以北京师范大学、华东师范大学和东北师范大学为理论研究的主要力量，研究领域主要涉及电子档案袋的设计和开发，基于电子档案袋的教学、学习和评价等方面。

国内关于电子档案袋的研究和实践近几年来逐渐兴起，理论研究见于教育技术学界和教育心理学、课程与教学等研究领域。作为以信息技术为代表的新媒体环境下一种有效的学习方式和手段，电子档案袋的观念和操作受到教育技术界教育信息化的研究专家的关注。

上海师范大学黎加厚教授开展的电子作品的研究起始于 2000 年，并将这一观念运用到本科课程"教学设计"的教学中，取得了很好的效果。

温州大学王佑镁等致力于基于电子档案袋的反思——混合型信息化教学模式实践(2004～2009 年)，2009 年出版专著《电子学档的设计与应用研究》，这是国内第一本对电子学习档案袋进行系统研究的著作。

2000 年南京大学桑新民在大学开设"学习论"，并以多媒体教学作品作为一种基本的学习方式和评估思路，开展相关教学改革实验，收到了很好的效果。

华东师范大学李雁冰从评估的角度阐述了学档的学习功效，并主译了比尔·约翰逊(Bill·Johnson)的著作《表现评定手册》。

北京师范大学袁坤在其《培养反思力》一书中，阐述了学档作为真实性评估工具的一些理论与实践做法。

国家基础教育课程改革"促进教师发展与学生成长的评价研究"项目组曾经编辑出版了《成长记录袋的基本原理与应用》一书，从成长记录袋的角度阐述了学档在学习评价方面的应用。

夏惠贤、杨超等翻译了美国学者 Martin-Kniep 的专著《捕捉实践的智慧——教师专业档案袋》，该著作主要阐述学档在教师专业发展中的应用[20]。

华东师范大学祝智庭等将电子档案袋的基本思路融入教师培训课程"现代教育技术"设计中。从教育信息化对教育教学带来的功能性转变角度阐述了"电子作品"或"电子学档"的管理功能，他说："最近的发展趋向是在网络上建立电子档案袋（E-Learning Portfolio），其中包含学生身份信息、活动记录、评价信息、电子作品等。利用电子学档可以支持教学评价的改革，实现面向学习过程的评价。"
"以电子作品为业绩：网上教学应该让学员尽量利用电子手段完成作业，把他们的电子作品作为学习业绩。学员的电子作品可以传送给老师，也可以通过网页形式发布，以便接受多方评议，对于教师教育来说，特别有价值的电子作品是信息化教案，教师通过设计信息化教案的练习就能逐渐形成信息化教学能力，为我国教育信息化的发展积蓄力量。"[21]

在这些论述中，祝智庭从教育信息化的角度展示了"电子学档"或"电子作品"在教育信息化进程中所起的作用。他更多的是以一种展望和设想的角度来构建教育信息化的基本蓝图，这为我国教育信息化的进程和实施微观策略提供了很好的导向。实际上，在一些相关的实践研究中，祝智庭在其实验中突出了电子学档的运用，其著作《走向教育信息化——现代教育技术》即其信息化教学研究成果。

虽然整体上研究取得了一定的成果，但从我国整个教育界来说，目前国内电子档案袋的应用中教师和学生对电子档案袋兴趣不是很大，只是出于对上级和教师的简单应付，这主要是对电子档案袋的功能和发展潜力认识不足，因而营造"电子档案袋文化素养"的氛围和环境显得十分重要和迫切。

4.4.2　国内研究呈现的几个特点

近年来，国内电子档案袋的研究领域逐渐扩展，研究成果逐年增加。同时，电子档案袋的研究也呈现出一些独有的特点，主要表现在以下几个方面。

1）理论研究与实践研究并重

进行的文献检索统计显示，国内电子档案袋主要反映理论层面研究的论文占相关论文总数的 47.9%，而反映实践层面研究的论文占相关论文总数的 52.1%，显示了理论研究与实践研究并重的局面。

2）设计和开发类的研究相对较少

统计显示，近年来关于电子档案袋"设计"和"开发"的研究论文只占电子档案袋研究论文总数的 9.37%，数量不多，反映出在电子档案袋开发这方面的研究还是相对薄弱。

3）应用效果的实证研究较少

文献统计显示，在电子档案袋研究的领域中，关于应用效果的实证研究较少，关于这方面研究的论文只占相关论文总数的 1.04%，而反思存在问题的论文占

6.25%，且大多数论文只是从经验总结和个人体会的角度探讨电子档案袋的应用效果，研究结论基本停留在"感觉"、"反映"、"体会"等层面，对效果的研究缺少数据收集、统计、分析的过程。

4) 电子档案袋应用研究的主要领域是中小学的学科教学

进行的文献统计显示，在"学前教育"、"基础教育(中小学)"、"高等教育"、"职业教育"和"成人教育"等几个方面进行的统计中，电子档案袋研究涉及基础教育的论文占总数的 33.3%。这表明，当前国内电子档案袋研究的主要领域是中小学，涉及高等教育的研究论文只占论文总数的 4.17%。显示出电子档案袋在高等教育领域的研究还有值得挖掘的地方。

4.5　国内电子档案袋研究存在的问题

从总体上看，国内对于电子档案袋的研究，没有形成规模化合作研究的趋势。虽然包括基础教育课程改革项目中也曾经出过一些书，如《成长记录袋的基本原理与应用》、《新课程实施中教育评价改革的探索》、《基础教育评价改革报告》等，但是如果没有将网络互联、没有把信息技术作为评价的支撑环境和变革手段，那么这样的探索并不能真正反映新课程改革评价的需要，不能反映网络时代学习发展的评价需要。

相对于国外这方面的研究，则国内的差距主要表现在以下几个方面：对电子档案袋评价观念视野认识上有很大差距；国内多数还仅是将其作为学习过程的记录，几乎没有上升到终身学习、学习环境建设层面。对电子档案袋评价研究方式中，社会力量协作整合程度与方式有很大差距；国内在这方面的习惯没有形成，这就使得社会整体心智能力难以形成和不能发挥。对电子档案袋评价推进到实践中的应用行动，程度上有很大的差距。就国内高校来说，其电子档案袋系统还没有实施，中小学新课程改革的评价系统也还在研究之中。网络时代互联学习，新课程改革，都需要全新的评价体系来做导向和保障。社会发展迫切需要建立与网络时代学习观、与新课程改革课程观、与创新人才培养观、与创新教育观相配套的教育评价体系和具体评价方法策略。

第 5 章　电子档案袋学习的理论基础

国际 21 世纪教育委员会向联合国教科文组织(United Nations Educational, Scientific and Cultural Organization，UNESCO)提交的报告《教育——财富蕴藏其中》中指出，面向 21 世纪教育的四大支柱是让学生学会认知(learning to know)、学会做事(learning to do)、学会共同生活(learning to live together)和学会生存(learning to be)。这四大支柱可以说是衡量 21 世纪创新人才的标准。所以，我们在设计、开发电子学习档案袋时，应以促进学生学会这"四大能力"为总体目标。

为实现总目标，必须要有正确理论的指导，制作出的电子学习档案袋才可能具有科学性和生命力。众所周知，正如没有"万能媒体"，同样也没有"万能教学和学习的指导理论"，我们可以借鉴人类一切可以借鉴的智慧成果，凡是有利于学习者认知能力发展、有利于学生创新能力发展、有利于学生协作精神发展的好的思想都可以用来指导电子档案袋的设计和开发。

人类的学习极其复杂，但终究可以分为智慧技能、言语信息、认知策略、动作技能以及态度五种习得学习结果。教学设计的主要目标就是根据不同的学习结果创设不同的学习内部条件并相应安排学习的外部条件。究竟创设怎样的内外条件则主要以不同的学习理论为基础。

下面对电子学习档案袋基于的学习理论进行简单的阐述与比较。

5.1　行为主义学习理论

对于任何一种学习活动，都有多种学习理论在支持，各种理论在学习的不同阶段、学习的不同性质和目的中起作用。基于电子档案袋的学习也是如此。行为主义学习理论把学习过程解释为一种条件作用和制约下的个体所形成和产生的反应，也称为刺激。因此，行为主义理论又称刺激-反应(Stimulus-Response，S-R)理论，是当今学习理论的主要流派之一。

1954 年，程序教学创始人、美国心理学家斯金纳在《学习的科学和教学的艺术》一文中指出了传统教学的种种弊端：学生在学习中受到的刺激或所得到的控制不能使学生愉快，甚至令学生反感；学生在学习中受到的强化次数太少且强化的时机不适宜；学习过程不是逐步递进达到学习目标的，缺乏合理的学习过程。根据当时的教学现状，斯金纳认为，使用教学机器可以解决其中的许多问题，提出了程序教学理论。因而许多人开始对教学机器和程序教学感兴趣，并立志克服传统教学存在的弊端。

5.1.1　行为主义学习理论基本原则

行为主义学习理论认为，人类的思维是与外界环境相互作用的结果，即"刺激-反应"，刺激和反应之间的联结叫做强化。认为通过对环境的"操作"和对行为的"积极强化"，任何行为都能被创造、设计、塑造和改变。在教学中，对学生理想的行为要给予表彰和鼓励，还要尽量少采取惩罚的消极强化手段，只有强化正确的"反应"，消退错误的"反应"，才能取得预期的效果。行为主义学习理论把"强化"看做程序教学的核心，认为只有通过强化，才能形成最佳的学习环境，才能增强学生的学习动力[22]。

行为主义学习理论认为，只有将教学内容分解为一系列小的教学单元，在强化的帮助下对教学单元的内容进行学习，才能使强化的频率被最大限度地提高，将出错带来的消极反应降低到最小限度。在斯金纳条件反射实验的基础上，根据刺激(提问)-反应(回答)-强化(确认)的原理，制订了程序教学的基本原则。

1. 小步子原则

即把学习内容按其内在逻辑关系分割成许多细小的单元，分割后的小单元按一定的逻辑关系排列起来，形成程序化教材或课件。学生的学习是由浅入深、由易到难、循序渐进地进行，这种学习方式称为小步子学习原则。小步子学习原则要求对学习内容分割适当，对单元划分的大小要由具体的教学内容和教学任务来确定(不是步子分割得越小越好，否则容易使学生厌倦，也不利于学生从整体上认识事物)。

2. 积极反应原则

斯金纳认为，传统教学主要是教师传授知识，学生被动地接受知识，很少有机会对教师提出的每个问题都作出反应。要改变这种消极的学习，就要求每一单元的学习内容，都让学生作出积极反应。使学生通过选择、填空和输入答案等方式作出反应，以保持积极的学习动机。

3. 及时强化原则

当学生作出反应后，必须使他们知道其反应是否正确。要求对学生的反应给予"及时强化"或"及时确认"，特别要注意对学生所作出的正确反应给予及时强化，以提高其操作能力。

4. 自定步调原则

在传统教学中学习的进度是一致的，这极大地限制了学生的自由发展。而为了让每个学生都能自由发展，必须由他们根据自己的特点自定学习进度和速度。学生在以适宜速度进行学习的同时，通过不停地强化得到了进一步学习的内动力。

5. 低错误率原则

在教学中应由浅入深，由已知到未知，使学生每次都尽可能作出正确反应，将学习的错误率降到最低限度，提高学习效率。

行为主义学习理论将个体习得的行为解释为刺激与反应之间关系的联结，即个体在适应环境的过程中，与环境中各种刺激所建立起来的稳定关系；因此能够清楚地理解和把握环境刺激与个体反应之间的关系，能够通过对环境中的刺激进行设计和控制，建立起预期的反应，并通过反复的强化形成或消退复杂的行为。

行为主义也认为，教学或学习就是为学生提供各种规定的学习情境，提出达到的目标，通过训练、反馈和纠正对学习过程进行控制，形成了所要求的行为(达到目标)立即给予强化,出现了不足要求的行为(偏离目标或达不到目标)则不予强化。教学就是在这样一种循环往复的行为控制中，使学生逐步形成复杂的学习行为结果，逐步实现教学目标。

5.1.2　行为主义学习理论对教育技术发展的影响

斯金纳的行为主义理论对教育技术理论发展产生了巨大的推动作用，其影响主要有以下五个方面。

1)从重视"教"到重视"学"

在教育技术史上，长期以来把重点放在使用媒体呈现刺激方面，而没有把心理学学习理论作为教育技术的基础。受行为主义理论的影响，对该领域的研究从仅重视媒体的使用，扩展到同时重视对学生行为的研究，从注重"教学刺激物"的设计，发展到对"学"的强调和重视。

2)媒体作用的改变

按照行为主义的观点，教学媒体设备的作用不仅要呈现教材，而且必须与学生的行为联系起来。具体的联系包括：接受学生作出反应。控制学生的学习顺序、经常和即时性的强化、学生自定学习步调。媒体设备和教材只要发挥上述作用，就能强化学习，从而保证学习的成功。在这种理论的影响下，传统视听传播领域日益重视对"学"的研究，以及使用教学媒体促进对"学"的研究。

3）行为目标和标准参照评价

程序教学理论要求首先要阐明学生应达到的教学目标，即明确行为目标。从教育技术理论发展的角度看，行为目标的意义是强调学生的行为以及产生行为的条件，即将学生的学习任务具体化、明确化，根据行为目标进行测量，以了解学生能力所达到的程度。这种对学生能力的测量并不是以参照其他学生的能力差异为依据，而是以预先确定的目标为依据。标准参照评价适于个别化学习的评价，可提供个人学习进步的情况，可使教师了解所设计教材的优缺点，并进行及时调整。

4）开展全面教学改革

在以班级授课为教学单位，以教师为中心的传统教学中，开展自定学习步调的个别化教学显然是难以进行的。因此，要真正实现程序教学的目的，必须对传统的学校教学进行全面改革。

5）程序教材的系统开发过程

程序教学的独特之处是强调编制程序教材是一个"过程"，而不是"产品"的观点。它提出的"过程论"使人们开始重视课件的开发过程：从教学目标（学习结果）的阐明开始，分析教学对象，设计教学内容顺序，进行实验性测试，编制课件，直至推广使用。

5.1.3 行为主义学习理论的局限性

行为主义学习理论及程序教学理论在历史上有很大影响，对帮助教师克服当时教学中缺乏的强化（反馈），忽视学生个体特点等弊端起着积极的作用。程序教学理论同其他理论一样不可能没有缺点和局限性，它的主要问题为：所依据的行为心理学原理没有考虑动物和人类学习的本质区别。此外，这种教学刻板、缺乏灵活性，不利于学生提高独立思考和独立解决问题的能力。它的小步子原则容易使学生厌倦，也不利于学生从整体上认识事物，特别在当今的信息时代，更暴露了行为主义学习理论的局限性。但它的积极反应、及时反馈等原则今天仍被计算机辅助教学所采用，当前流行的微课设计及教学，正是行为主义理论中小步子原则的一个具体应用。

在新媒体环境下基于电子档案袋的学习中，多元评价的实施，使得学生在学习过程中，通过自我评价、同伴评价及教师评价，及时获得对个人学习效果的反馈，这实际上起到了一种"刺激"和"强化"的作用。同时，由于强调学习过程和学习成果对学习目标的巨大推动作用，学生对于学习结果的自我反思实质上也表现为一种"刺激"，这种刺激让学习者本身不断反思自己的学习过程，并及时调整学习策略，在这种反复的过程中，刺激不断积累，并且建构为一种自觉的学习经验，成为下一阶段学习的基础。

5.2 建构主义学习理论

5.2.1 建构主义学习理论的四大要素

建构主义学习理论认为"情境"、"协作"、"会话"和"意义建构"是学习环境中的四大要素，学习活动是在一定的情境及社会文化背景下进行的，借助教师与同学的帮助，通过协作和会话的方式，达到对知识的意义建构。

1. 情境的创设

建构主义理论强调创设真实的情境，把创设情境看做意义建构的必要前提。而多媒体和网络技术是创设情境的有效工具。在电子档案袋的设计和制作中，学习情境的创设应包括学习资源的收集、设计和开发，问题情境的创设以及学习环境的设计等。

2. 学生作为认知主体的实现

学习者明确问题和任务，并且这些问题和任务都与学习者本人相关；给予学习者解决问题的自主权；提供能激发学习者思维的学习环境。

3. 协作与会话

建构主义理论认为，学习者与周围环境的交互作用对于学习内容的理解起着关键作用。学习者在教师的组织下针对某一主题进行讨论和交流，共同建立起学习群体、共同学习和探讨知识、进行协商和辩论，最后达到整个学习群体共同完成对所学知识的意义建构。

建构主义本来是源自关于儿童认知发展的理论，由于个体的认知发展与学习过程密切相关，所以利用建构主义可以比较好地说明人类学习过程的认知规律，即能较好地说明学习如何发生、意义如何建构、概念如何形成，以及理想的学习环境应包含哪些主要因素等。总之，在建构主义理论指导下可以形成一套新的比较有效的认知学习理论，并在此基础上实现较理想的建构主义学习环境。

5.2.2　同化和顺应

同化和顺应是学习者认知结构发展变化的两种途径或方式。

(1)同化，是指学习者把外在的信息纳入已有的认知结构，以丰富和加强已有的思维倾向和行为模式。

(2)顺应，则是指学习者已有的认知结构与新的外在信息产生冲突，引发原有认知结构的调整或变化，从而建立新的认知结构。

同化是认知结构的量变，而顺应则是认知结构的质变。同化—顺应—同化—顺应，循环往复，平衡—不平衡—平衡—不平衡，相互交替，人的认知水平的发展，就是这样的一个过程。这样看来，学习不是简单的信息累积，更重要的是包含新旧知识经验的冲突，以及由此而引发的认知结构的重组。学习过程不是简单的信息输入、存储和提取，是新旧知识经验之间的双向的相互作用过程，也就是学习者与学习环境之间互动的过程。

5.2.3　建构主义理论关于学习的论述

下面就从"学习的含义"与"学习的方法"这两个方面简要说明建构主义理论关于学习的相关论述。

1.　关于学习的含义

建构主义理论认为，知识不是通过教师传授得到的，而是学习者在一定的情境即社会文化背景下，借助学习过程其他人(包括教师和学习伙伴)的帮助，利用必要的学习资料，通过意义建构的方式而获得的。由于学习是在一定的情境即社会文化背景下，借助其他人的帮助即通过人际间的协作活动而实现的意义建构过程，因此建构主义学习理论认为"情境"、"协作"、"会话"和"意义建构"是学习环境中的四大要素或四大属性。

(1)情境。学习环境中的情境必须有利于学生对所学内容的意义建构。这就对教学设计提出了新的要求，也就是说，在建构主义学习环境下，教学设计不仅要考虑教学目标分析，还要考虑有利于学生建构意义的情境的创设问题，并把情境创设看做教学设计的最重要内容之一。

(2)协作。发生在学习过程的始终。协作对学习资料的搜集与分析、假设的提出与验证、学习成果的评价直至意义的最终建构均有重要作用。

(3)会话。协作过程中的不可缺少环节。学习小组成员之间必须通过会话商讨如何完成规定的学习任务的计划；此外，协作学习过程也是会话过程，在此过程中，每个学习者的思维成果（智慧）为整个学习群体所共享，因此会话是达到意义建构的重要手段之一。

（4）意义建构。这是整个学习过程的最终目标。所要建构的意义是指事物的性质、规律以及事物之间的内在联系。在学习过程中帮助学生建构意义就是要帮助学生对当前学习内容所反映的事物的性质、规律以及该事物与其他事物之间的内在联系达到较深刻的理解。这种理解在大脑中的长期存储形式就是所谓的"图式"，也就是关于当前所学内容的认知结构。

由以上所述的"学习"的含义可知，学习的质量是学习者建构意义能力的函数，而不是学习者重现教师思维过程能力的函数。换句话说，获得知识的多少取决于学习者根据自身经验去建构有关知识的意义的能力，而不取决于学习者记忆和背诵教师讲授内容的能力。

2. 关于学习的方法

建构主义理论提倡在教师指导下的、以学习者为中心的学习，也就是说，既强调学习者的认知主体作用，又不忽视教师的指导作用。教师是意义建构的帮助者、促进者，而不是知识的传授者与灌输者。学生是信息加工的主体、是意义的主动建构者，而不是外部刺激的被动接受者和被灌输的对象。

学生要成为意义的主动建构者，就要求在学习过程中从以下几个方面发挥主体作用。

（1）要用探索法、发现法去建构知识的意义。

（2）在建构意义过程中要求学生主动搜集并分析有关的信息和资料，对所学习的问题要提出各种假设并努力加以验证。

（3）要把当前学习内容所反映的事物尽量与自己已经知道的事物相联系，并对这种联系进行认真的思考。"联系"与"思考"是意义构建的关键。如果能把联系与思考的过程与协作学习中的协商过程（即交流、讨论的过程）结合起来，则学生建构意义的效率会更高、质量会更好。协商有"自我协商"与"相互协商"（也叫"内部协商"与"社会协商"）两种，自我协商是指自己和自己的争辩；相互协商则指学习小组内部相互之间的讨论与辩论。

教师要成为学生建构意义的帮助者，就要求教师在教学过程中从以下几个方面发挥指导作用。

（1）激发学生的学习兴趣，帮助学生形成学习动机。

（2）通过创设符合教学内容要求的情境和提示新旧知识之间联系的线索，帮助学生建构当前所学知识的意义[23]。

　　为了使意义建构更有效，教师应在可能的条件下组织协作学习(开展讨论与交流)，并对协作学习过程进行引导，使之朝有利于意义建构的方向发展。引导的方法包括：提出适当的问题以引起学生的思考和讨论；在讨论中设法把问题一步步引向深入，以加深学生对所学内容的理解；要启发诱导学生自己去发现规律、自己去纠正和补充错误的或片面的认识。

　　建构主义学习理论强调以学生为中心，不仅要求学生由外部刺激的被动接受者和知识的灌输对象转变为信息加工的主体、知识意义的主动建构者，而且要求教师要由知识的传授者、灌输者转变为学生主动建构意义的帮助者、促进者。

　　建构主义学习理论也强调"情境"对意义建构的重要作用，强调"协作学习"对意义建构的关键作用，强调对学习环境(或教学环境)的设计，强调利用各种信息资源来支持"学"(而非支持"教")，强调学习过程的最终目的是完成意义建构(而非完成教学目标)。

　　在这样一种理论的指导下，建构主义的学习观认为：学习不是由教师把知识简单地传递给学生，而是由学生自己建构知识的过程。学生不是简单被动地接收信息，而是主动地建构知识的意义，这种建构是无法由他人来代替的。

　　新媒体环境下，在基于电子档案袋的学习与评价活动中，学习者在真实的电子档案袋的学习情境中，通过自己收集各种学习素材，参与各种学习活动和协作交流活动，完成有关学习任务。在自主和协商、探索和反思，在自我评价、同伴评价及教师评价为主的多元评价情境中进行知识建构。学习不是被动接收信息刺激，而是主动地建构意义，是根据自己的经验背景，对外部信息进行主动的选择、处理，从而获得自己的意义。

　　因此，学习是每个学习者以自己原有的知识经验为基础，对新信息重新认识和编码，建构自己的理解。在这一过程中，学习者原有的知识经验因为新知识经验的进入而发生调整和改变。从经验中进行学习是基于电子档案袋的学习的重要途径，经验的收集、选择、评估都是在教师指导下由学生自主完成的[24]。

5.2.4　行为主义与建构主义学习理论的比较

　　作为指导教学与学习的两大理论，行为主义学习理论强调教师的中心地位，重视对教学策略、教学方法的运用；重视对知识的有序化，学习结果的强化反馈和学习目标的实现。而建构主义学习理论认为学习是学习者通过与学习环境的相互作用意义建构而成，强调学习者的主体地位，重视情境创设、强调与他人协作和会话。

　　这两大学习理论，实质上是人类认知规律和学习规律的多样性的反映，行为主义学习理论比较适宜指导学生对基本的定义、概念和技能等良构知识的学习，而建构主义学习理论则更适合于开发学生的创新能力、创新思维。它们既对立又统一，统一于人类认知和学习这一总体规律之中。

5.3 布鲁姆的教育目标分类学

5.3.1 布鲁姆的教育目标分类

布鲁姆的完整的教育目标分类学包括认知领域、情感领域和动作技能领域的目标分类。情感领域和动作技能领域的目标分类在此不叙述了，这里重点谈谈在认知领域的教育目标分类。

5.3.2 在认知领域的教育目标

1956 年，本杰明·布鲁姆发表文章《教育目标分类：认知领域》，认为思维有六种层次。自此之后，这六种思维层次被广泛接受和使用。他给出的认知技能列表，是按照从最简单到最复杂的顺序排列的。最简单的认知技能是对知识的回忆，最复杂的认知技能是对观点的价值作出判断。

在认知领域的教育目标包括：知识、领会、应用、分析、综合、评价，见图 5-1。

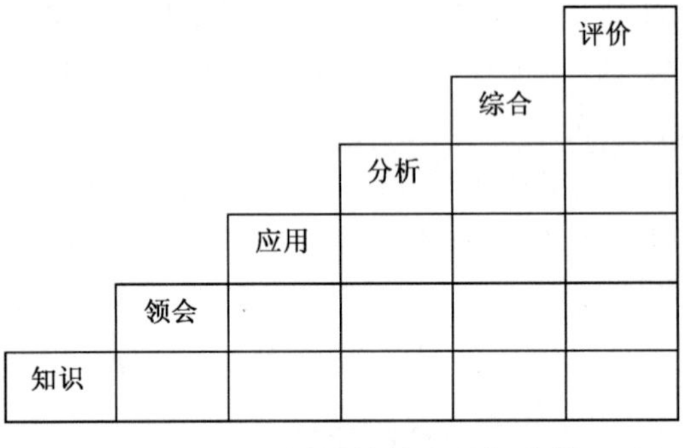

图 5-1 认知领域的教育目标分类

1. 知识

知识(knowledge)目标要求学生在学习情境中把某种信息储存在大脑中，以后所要做的就是回忆这些信息。知识这一类别所涉及的主要心理过程是记忆。在知识的测验情境中，提问的形式与最初的学习情境中的形式有所不同，这要求学生在回答问题时有一定程度上的联想和判断过程，但这仅是一小部分；在其他类别的学习和测验中也有记忆，同样这也只是一小部分。知识包括具体的知识、处理具体事物的方式方法的知识、学科领域中的普遍原理和抽象概念的知识三大类，每一类型又包括若干个小类型。

2. 领会

领会(comprehension)指的是当学生要进行交流时，要求他们知道交流些什么内容，并能够利用材料或材料中所包含的观念。这里的领会比通常所说的领会要狭义一些，它与完全理解、完全掌握信息并不是同义词。这里的领会是"用来表明理解交流内容中所含的文字信息的各种目标、行为或者反应"。

3. 应用

应用(application)指在某些特定的和具体的情境里使用抽象概念。例如，把在一篇论文中使用的科学术语或概念运用到另一篇论文所讨论的各种现象中。

4. 分析

分析(analysis)指把材料分解成它的组成要素部分，从而使各概念间的相互关系更加明确，材料的组织结构更为清晰，详细地阐明基础理论和基本原理。

5. 综合

综合(synthesis)指以分析为基础，全面加工已分解的各要素，并再次把它们按要求重新组合成整体，以便综合地、创造性地解决问题。它涉及具有特色的表达，制订合理的计划和可实施的步骤，根据基本材料推出某种规律等活动。它强调特性与首创性，是高层次的要求。

6. 评价

评价(evaluation)是认知领域里教育目标的最高层次。这个层次的要求不是凭借直观的感受或观察的现象做出评判，而是理性地深刻地对事物本质的价值做出有说服力的判断，它综合内在与外在的资料、信息，做出符合客观事实的推断。

前三个层次属于浅度学习，而后三个层次属于深度学习，基于电子档案袋的学习采用的主要是以过程性评价为主的多元评价，对学生学习目标的要求促进学生的深度学习，是认知领域教育目标的高层次。

第6章　电子档案袋平台的比较分析

6.1　电子档案袋平台的类型

从电子档案袋的不同的用途出发，人们开发出了不同类型的电子档案袋，下面从不同的角度对电子档案袋平台进行简单的分类。

1. 按照收集材料的类型

电子档案袋可分为展示型电子档案袋和过程型电子档案袋。

2. 按照展现的形式

电子档案袋可分为基于 Blog(博客)的、基于 Wiki 百科(维基百科)的、基于网站的、基于 FTP 的、基于 QQ 的等。

3. 按照实现技术的类型

电子档案袋可分为基于 ASP/ASP.net 的、基于 Java 的、基于 PHP 的(如 Moodle 平台)等。

4. 按照使用对象

电子档案袋可分为学生电子档案袋、教师电子档案袋、学校机构电子档案袋等。

5. 按照存储方式

国外通常将 Electronic portfolio、Digital portfolio 和 Web folio 加以相互区别。Electronic portfolio 中包括计算机可读和可分析的格式；Digital portfolio 中只包含可读的电子格式，主要是利用硬盘或软盘进行存储；Web folio 指通过互联网访问，使用数据库进行数据存储。

6. 按照使用目的

按照使用目的，可以分为：评价型电子档案袋；展示型电子档案袋；学习型电子档案袋(Learning e-Portfolios)；个人成长型电子档案袋(Personal e-Portfolios)；多人型电子档案袋(Multiple Owner e-Portfolios)；工作型电子档案袋(Working e-Portfolios)。

6.2 电子档案袋平台发展经历的几个阶段

从纸质学习档案袋到电子学习档案袋，这是学习档案袋发展所经历的一个飞跃。而电子档案袋平台的构建，首先需要一个信息化的环境，或者说具体一点，需要一个基于网络的环境。从信息技术的快速发展的历程来回顾，电子档案袋的构建平台经历了基于局域网搭建的平台、基于 FTP 的平台、基于现有网络化的综合信息平台以及自主开发的电子档案袋平台几个阶段。

6.2.1 基于局域网搭建的平台

这是早期电子档案袋开发借用的平台，主要是通过"网络邻居"，采用共享文件夹的方式。这种方式操作简便，对网络管理和技术要求低，容易实现。但是，这种管理存在着许多问题和漏洞，不利于大量学生信息的管理，信息的安全性差，也不利于对学生的多元化的评价。

6.2.2 基于 FTP 的平台

利用 FTP 协议，在网络上构建的一个 FTP 站点，根据不同用户的不同权限，可以实现资源的上传与下载。管理员可以为不同的用户类型设置不同的访问权限，以实现资源的有效管理；可以将公共的资源放在指定位置，让所有用户(包括匿名用户)访问并下载；为不同类型的学生设置不同类型的账号，而不同类型的账号具有不同的访问权限；可以让学生有权限将自己的作品上传到自己的空间，有权限修改；可以浏览其他同学的个人空间，但只有下载的权限而无修改的权限等。

这种类型的平台，适用于作为展示型的电子档案袋的平台，但对于评价型的电子档案袋，要实现多元评价的目的，并不是一个合适的平台。这种平台的缺点是功能比较简单，并且不能在其他用户目录内传输内容(如发表评论)，基本上只适合保存搜集到的以文件形式保存的资料。同时，学生数量较多时，管理起来困难。

6.2.3 基于现有网络化的综合信息平台

随着信息技术的快速发展，在网络环境下，有各种现有的平台，可以借用来作为电子档案袋的平台使用，如 Moodle、Blog、QQ、Wiki、Blackboard 等。

1. Moodle 平台

Moodle 是一套功能强大、方便易用的公开源代码的网络课程管理系统，这个名字是 Modular Object-Oriented Dynamic Learning Environment 的缩写，即模块化面向对象的动态学习环境。它最初由澳大利亚教师 Martin·Dougiamas 开发，2002 年后逐渐在世界各国的教育机构中得到广泛的应用。

Moodle 充分体现了建构主义的学习理念，强调学习者之间的对话、协作、互动等社会性活动对个人及群体意义建构的作用。因此 Moodle 的设计目标不仅是停留在教学内容的呈现和管理上，而是更加关注对教学过程中各种活动的支持。Moodle 能够支持十几种课程活动，包括专题讨论、作业、投票、测验、聊天、问卷调查等。教师可以通过简单的设置为课程加入这些活动模块。

Moodle 平台主要功能分为网站管理、课程管理、学习管理三大部分。其中，课程管理具有强大的课程开发功能，如教学资源设计、教学活动设计、各类教学测验设计、教育统计等。课程活动也多种多样，如论坛、测验、资源、投票、问卷调查、作业、聊天室、Blog 等。由于它是开源软件，用户可以自己扩充它的功能[25]。

Moodle 平台的动态管理系统为教师和学生构建了丰富多彩的学习环境。教师可以自主设计和管理课程，在线备课、发布讲义、布置作业、进行测验等，教师还可以组织多种多样的教学活动，学生可以在讨论区进行讨论。

Moodle 平台作为一种综合型的网络课程管理系统，其简单易用性和功能的强大性自不必说，可以很好地支持信息技术的教学，为我们营造一种信息化的学习环境。我们可以利用这个平台实现电子档案袋的功能，实时存储学生的电子作品，开展信息化环境下的多元评价。

2. Blog

Blog 也叫博客，其来源是 Web log，即网络日志。是一种通常由个人管理、不定期张贴新的文章的网站。博客上的文章通常根据张贴时间，以倒序方式由新到旧排列。许多博客专注在特定的课题上提供评论或新闻，其他则被作为比较个人的日记。一个典型的博客结合了文字、图像、其他博客或网站的链接，以及其他与主题相关的媒体。能够让读者以互动的方式留下意见，是许多博客的重要因素。大部分的博客内容以文字为主，但也有一些博客专注艺术、摄影、视频、音乐、播客等各种主题[26]。

Blog 应用于教育领域特别是作为电子档案袋平台，具有以下几点明显的优势。

1) Blog 具有知识建构的功能

Blog 是一种符合学生认知心理的学习工具。学生可以利用 Blog 及时主动地进行"写和录"，日积月累，从而丰富知识和发展思维。Blog 可以说是由个性化的"帖子"按时间顺序组织而成的网页，相对于其他网页而言，它更加注重知识的积累、共享和交流。

2) Blog 具有进行学习过程记录的功能

在 Blog 中，可以记录学生所完成的学习任务的全过程，其中包括学生自身的创作内容、资源的链接、文档、图片、声音或视频文件等，还会有其他人对于这些内容所做出的评论或评价信息等。

3) Blog 具有协作交流的功能

Blog 具备基于网络即时发布、即时更新的特点。在 Blog 中学生可以即时发布信息，而且所发布的信息一般是以时间为序，同时还提供按时的汇整。运用 Blog 构建电子档案袋能为学生提供进行协作学习、实时交流和反馈的平台。

4) Blog 具有促进学习者反思学习的功能

Blog 中张贴的材料是以日历、归档或主题分类等方式来组织的，并加入了网络链接。一方面便于学习者对自己进行反思；另一方面，这些个人思想心得可以"共享"给他人[27]。

Blog 作为电子档案袋学习与评价平台的不足是，Blog 通常只适合于单人使用，如果是若干个人结为一个小组共同研究某个课题，则操作不太方便，因为只能使用同一个用户名和密码，在管理方面非常容易出现问题。如果组内每个成员各自申请自己的 Blog，虽然可以解决密码泄露或遗失的问题，但是又使得组内成员各自为政，自成一家，常常出现一份资料同时转载在多个网站的现象；此外，当汇集该课题的所有资料时，需要单独访问各个成员的博客，无形中带来了其他的麻烦。

Blog 的好处是毋庸置疑的，但它毕竟不是专门为电子档案袋评价量身定制的系统，在具体的使用过程中会发现还有很多细节功能不适用，如没有评价统计功能、无法实现多元评价、没有分班功能等，影响了效率和效果。而高效率应该是电子档案袋系统的最重要的特征。

同样，管理也是一个问题，对于教师来说，如果学生较多，依次访问每个学生的 Blog 并进行管理和评价也是一件很困难和费时的事情。

3. QQ

QQ 是腾讯计算机系统有限公司开发的一款基于 Internet 的即时通信软件。QQ

支持在线聊天、视频电话、点对点断点续传文件、共享文件、网络硬盘、自定义面板、QQ 邮箱等多种功能，并可与移动通信终端等多种通信方式相连。目前同时在线人数已超过一亿，是目前使用最广泛的聊天软件之一。

利用 QQ 的群的功能，教师可以构建一个以班级为单位的学习环境，教师作为群主在创建群以后，可以邀请班级同学加入群。在群内除了聊天，还提供有群空间服务，在群空间中，用户可以使用群 BBS、相册、共享文件等多种方式进行交流和学习，可以实现群内公告、群内发表文章、群内聊天、群内共享[28]。在群内可以就某个问题建立群内讨论组，进行协作学习和讨论，也可以设置群内投票等，可以实现电子档案袋的大部分功能。QQ 以其普及性和易用性为特点，可以很好地保存学生的电子作品，但也存在不能实现多元评价等问题。

4. Wiki

维基（Wiki）是任何人都可以编辑的网页，典型代表是"维基百科"。在每个当前浏览的页面上，可以随时恢复到以前的版本，必要时还可以指定某些页面非经许可不得修改。维基属于典型的 Web 2.0 应用，对使用者的技术要求比较低。维基站点可以由多人（甚至包括任何访问者）维护，每个人都可以发表自己的意见，或者对共同的主题进行扩展或者探讨。最适合做百科全书、知识库、整理某一个领域的知识等知识型站点，甚至有分散在不同国家地区的多人利用维基协同工作来共同写书著文的情况[29]。维基的协作性使得它非常适合于进行合作课题的研究。如果用作电子档案袋平台，为克服各人资料混杂的困难，可以在一个总页面中设置分页面链接到组内各成员独有的页面，既体现了合作，又保留了个性。

以上这些综合性的信息平台，其开发的技术无疑是成熟的，其功能也是完备的，但这些平台毕竟不是专门为电子档案袋学习和评价开发的，在基本具备电子档案袋平台的功能的同时，也存在着种种不足之处。

6.2.4　自主开发的电子档案袋平台

在国内，也有人尝试自己开发电子档案袋平台，如天津市信息技术教研室开发的"电子学习档案袋"，但这个电子档案袋在具备基本的功能的基础上，其缺点也是显而易见的，那就是功能过于简单，只有简单的评价功能，但不能实现多元评价等，不利于学生深入地学习评价和运用。

我国目前基础教育领域，电子档案袋的建立与应用就更加少了，而且缺乏针对学生个人的特定学科的相对完整的电子档案袋建设。如深圳南山实验学校在网上建立的"中学生个人电子档案袋"，分创作园地、荣誉展示、跟踪评价三大部分，给人感觉分类不细，个性化不强，很难看出某个学生具体的特色。相比较而言，南昌市育新学校建立的"我的档案袋"比较系统化，它首先分小学、中学、教师三大类档案，在每一类中再按序号、姓名、班级、提交日期列表。每一份个人档案与列表中姓名超级链接。在具体的每一份档案中分个人基本信息部分和档案夹部分，档案夹个人设定其条目和个数，如我的好友、我的作品集、荣誉与辉煌等。但它不是动态的档案袋，也缺乏互动的评价。以上两个例子都不是学科的电子档案袋。而"墨叶生物电子档案袋"算是初中具体学科应用电子档案袋的一个例子。它设定了很多专题栏目，然后每个栏目都有自我评价、学生互评、教师评价三大版块，自由提交评价文章，但这种分类是针对专题，而不是针对每个学生的学习过程，所以不能一目了然地看到整个评价结果，更不能看到每个学生的学习过程和成果。目前，有不少研究人员和一线教师也关注这个领域的研究与应用。其中，中国教育资源平台与海南省教研培训院拟合作开发"师生共同成长博客项目"，旨在将博客应用于教学，记录师生共同的成长历程。

　　鉴于现有电子档案袋的替代平台虽然功能全面，但应用在电子档案袋上，还存在一些不完善的地方，最主要的问题是多元评价的功能不足，所以开发一款能适合学校教育教学过程的，具有多元评价功能的电子档案袋的平台，是十分必要的。

6.3　电子档案袋替代平台的比较

　　下面对几种典型的电子档案袋的替代平台从功能、特点、受众、作品的存储与评价等各方面进行简单的比较，见表 6-1。

表 6-1　电子档案袋平台的比较

项目 / 平台	功能	特点	受众	资源共享	存储功能	评价功能
QQ	即时通信、在线聊天、视频电话、点对点续传文件、文件共享、网络硬盘、QQ邮箱、QQ空间、微博等	需要安装客户端软件，即时通信、跨越时空界限、免费下载客户端、免费申请QQ号	大众化、受众较Blog更广	资源共享	支持一般多媒体文件的存储，如声音、图片、视频等	注重过程性评价，兼具总结性评价功能，不易实施多元评价
Blog	撰写日志、交流协作、个人空间等	无需安装客户端软件，是社会性软件、及时更新、跨越时空界限、免费注册、易使用	大众化	资源共享	具备服务器存储的功能，支持一般多媒体文件格式	可实现过程性评价，不易实施多元评价

续表

平台＼项目	功能	特点	受众	资源共享	存储功能	评价功能
Fetion	即时通信、在线聊天、文件共享、139邮箱、Fetion 空间等	需要安装客户端软件，免费短信、语音群聊、多终端登录、移动与互联网无缝连接、免费下载	移动手机用户	文件共享	支持一般多媒体文件的存储	可实现过程性评价
人人网	撰写日志、交流协作、文件共享、个人空间、在线聊天、寻找好友等	无需安装客户端软件，是社会性软件、即时通信、跨越时空界限、免费注册、实名制、开放性等	大众化，但主要群体是教师和学生	资源共享	具备存储功能，支持一般多媒体文件的存储	注重过程性评价
Moodle	设计在线课堂、师生在线交流、教学评价、教学反馈、教学管理、记录师生互动过程	需要安装客户端软件，教师是课程设计者、资源与活动的设计者、跨时空界限、免费下载、模块化	各类学校的师生、网络教育学院的师生、公司企业培训	资源共享	具备存储的功能，支持一般多媒体文件的存储	兼具过程性评价和总结性评价功能，能实施多元评价
FTP	上传、下载资料，特别是超大文件资料的上传与下载，共享资源等	无需安装客户端软件，能控制文件的双向传输	IT 专业人士、师生、公司和企业人士	资源共享	具备服务器存储的功能，支持一般多媒体文件格式	可实施总结性评价，不易实施过程性评价
MSN	即时通信、在线聊天、视频电话、文件共享、电子邮箱、个人空间、视频会议、文件传输、超大网络硬盘等	需要安装客户端软件，是社会性软件、资源共享、跨越时空界限、免费注册、开放性	教师、学生、公司和企业职工、商务人士等	资源共享	具备存储功能，支持一般多媒体文件的存储	兼具过程性评价和总结性评价功能

通过对上面几种典型的电子档案袋替代平台的比较，可以看到，上述这些平台都是为专门的受众进行设计的，并非专为教学活动而设计，但可以利用以实现特定的一些教学功能。随着网络技术的发展和社会的需求，这些平台的功能也越来越趋向综合，这些综合性的平台用于特殊的教育教学目的，是完全可以胜任的。

电子档案袋作为一种学习平台，必须要能够实现学习资源的共享，要具备多媒体文件的存储功能，支持多种媒体格式，尤其是要具备学习评价的功能。

从这几个角度考量，可以看到，上述几种电子档案袋的替代平台都基本具备这样的条件，都可以作为电子档案袋的替代平台来进行学习，但也存在一些明显的差异。如 FTP 的长处是资源共享，其不足则是要实现多元评价比较困难。对

QQ 来说，利用 QQ 的群的功能，可以很容易构建一个电子档案袋学习的平台，但显而易见的是，要实施多元评价比较困难。Blog 作为最大众化的一个社会软件，可以很方便地作为电子档案袋平台来使用，但同样无法实现多元评价，对学生的管理工作也不算方便。而 Moodle 是一个综合性的课程管理平台，功能全面，具备电子档案袋所有必备的条件，是实施电子档案袋学习和评价相对比较理想的平台，但由于功能强大且综合性很强，作为电子学习档案袋平台也不是最合适的。

第 7 章　过程性评价

7.1　现有教学评价方法分析

7.1.1　评价的概念

评价(assessment)的原意就是评估、估计某人或某事物。我们把评价运用在教育教学领域就形成了今天的教育评价。教育评价是指在一定的教育价值观念的指导下,通过使用一定的技术和方法,对所实施的各种教育活动、教育过程和教育结果进行科学判断的过程。教育评价是由泰勒最先提出来的,最终引起教育界的广大同仁对教育评价的关注和研究。现代教育评价的理论和方法就是从这里发展和衍生出来的。其中,学生评价就是学校教育中一个非常关键的组成部分。20 世纪七八十年代以来,一些教育家对以往的教育评价提出了质疑,认为传统的教育评价只注重学生学习的量的方面而忽视了学习的质的方面,要求从质的方面来评价学生的学习。因此,一种全新的评价方式出现在人们面前,那就是过程性评价。

7.1.2　现有教学评价方法

从理论上来说,对应于不同的教育教学评价分类视角,存在不同的教育教学评价表现形式。例如,从功能分类视角来看,有诊断性评价、形成性评价和终结性评价。从参照对象分类视角来看,有相对评价和绝对评价。从评价者分类视角来看,有他评和自评。另外从评价实施度量方式的不同,有定量评价和定性评价等。就教育教学评价的作用来说,有诊断、改进和导向等主要功能和作用。从这点来说,目前教育教学评价正在由注重评价功能的终结性结果评价方式走向越来越注重评价的过程性作用和功能。于是有与形成性评价相关的发展性评价、过程性评价、真实性评价等不同的评价表现形式。

电子档案袋评价是基于网络信息技术实现对学习过程进行真实性评价,注重评价发展性功能的一种具体实施方法和手段,是一种典型的过程性评价手段[30]。

教学评价是一种中观和微观的教育评价。根据教育学原理,教学评价是指依据一定的价值标准对教学活动过程及结果进行分析、评定的活动,用于对教学进行指导、调控和检测。教学评价的最终目的是评定学习者通过学习是否达到预期的目标，并通过反馈信息，发现教学中存在的问题，为今后的教学活动做出决策。

教学评价的方法多种多样，各种类型之间也常常会相互渗透，乌美娜在《教学设计》一书中提出了八类评价类型，即相对评价、绝对评价、定性评价、定量评价、自身评价、诊断性评价、形成性评价、总结性评价[31]。

应该说，这几种评价类型并不是以并列关系的形式存在的，它们之间有的相互呈现交叉关系，也有的甚至相互包容。

诊断性评价一般应当在课程开始以前进行。目的在于了解学生在学习活动开始前的知识、技能准备情况，也就是通常所说的"摸底"。中学毕业班，如初三或高三经常搞的所谓"诊断考试"就属于这种类型。

而总结性评价是在教学活动结束后，为把握最终结果而进行的评价。例如，在班级集体授课模式中，学期末或学年末的考试、考查就可以看做总结性评价。其目的在于检查学生通过学期或学年的学习，教学目标的达到程度。该评价注重的是教与学的结果，借以对学生评定等级，全面鉴定，并对整个教学方案的有效性做出评定，这是传统教学中最常用的一种评价方法。

形成性评价是介于诊断性评价(事前)和总结性评价(事后)的一种评价形式，是教学效果评价的主要形式，属于过程性评价。在教学活动的进程中，为了不断把握阶段性教学效果，往往会不断进行过程性评价。以便及时了解各阶段学习情况、存在的问题，及时修改和调整教学计划，采取必要弥补措施，或者结合个别学生实际情况安排学习。教学设计活动中进行的评价主要以过程性评价为主。在信息技术类课程教学中，过程性评价应该是其主要的评价形式。

7.1.3　目前我国教学评价存在的问题

1. 评价目标、评价主体单一

在教育评价实践中，我们往往只注重智育方面的可量化指标，这种评价内容上的偏向，使我们难以真正地衡量和促进学生全面发展。学生感受到学习的沉重压力，并且由于学习目标本身的狭隘，导致学生片面发展。很多学生为追求高分而不得不努力，由于内在学习动机缺乏或培养滞后，当减负时，极易沉迷于其他与学习无关甚至有害的活动中。

就教师评价而言，由于评价主体的单一化，教师评价的主体和客体界限分明。教师、学生、领导、教育专家之间缺乏交流与合作，很难沟通理解，评价反馈往往是在会上，而不是在办公室里，反馈的方式通常是批评命令式的，而不是平等交流式的。教师往往表现出冷漠甚至抵触的情绪。久而久之，很容易形成恶性循环，学校的教学质量也会随之每况愈下。

2. 评价内容片面化

评价内容的片面化表现为单纯定位于学生的基本知识与基本技能，这属于学业成就方面的评价内容。虽然学业成就是学生评价的一项重要内容，但是，学生评价除学业成就外，还包括对学生智能、态度、个性、兴趣、爱好的评价。新课程改革评价指标体系从对学生单一的认识、评价扩展为全面、综合的评价，注重对学生学习能力、态度、情感、创新精神和实践能力等的综合评价，侧重在全面了解的基础上进行有效指导。

3. 评价方法简单

教育现象的复杂性使得给学生的综合发展水平一个准确、全面的量化评定是不可能的，因此，我们需要定量评价与定性分析相结合。新课程改革重视采用灵活多样、具有开放性的质性评价方法，而不仅以纸笔考试作为收集学生发展证据的手段。它要求从仅强调考试、测验的分数，向评价方法的立体化、综合化、多层次、全方位发展，评价方法趋于多样化，即关注过程性评价，及时发现学生的发展需要，帮助学生认识自我、建立自信，激发其内在发展的动力，从而促进学生在原有水平上获得发展，实现个体价值。

而在现阶段，我国学校教育评价手段，由于受应试教育特别是高考这个指挥棒的指挥，上述多种评价方法并不能够在学校推广和应用，而学校教学效果的主要评价方式，依然采用的是定量的总结性评价，衡量学生学习效果的依然是所谓的"分数"，这个状况并没有根本的改变。

4. 评价标准缺乏灵活性

传统教学评价不顾学生发展的多样性和不平衡性，将所有学生放在同一评价尺度上相互比较，既造成对学生的误评，又严重挫伤学生的自尊心。依据学科考试分数来评价学生，分数低的学生严重丧失自信心，无法建立积极的自我概念；分数高的学生又容易被高分蒙蔽，看不到自己的薄弱之处，造成"高分低能"的现象[32]。

7.2　过程性评价的理念和特征

7.2.1　过程性评价概述

过程性评价的概念最初是由斯克里芬（Scriven）提出的。过程性评价是指在活动进行的过程中，为使活动效果更好而修正其本身轨道所进行的评价。

过程性评价的主要目的是明确活动进行中存在的问题和改进的方向，及时修改或调整活动计划，以期获得更加理想的效果[33]。

1967 年，斯塔弗尔比姆等在提出决策导向或改良导向评价模式（Context Evaluation，Input Evaluation，Process Evaluation，Product Evaluation，CIPP）时就谈到了"过程性评价"。他指出，过程性评价是对所确定方案实施过程的评价，它能为方案的制订者提供反馈信息，用于发现方案实施过程中的潜在问题。随着研究的深入，人们对过程性评价的价值和功能的认识更加明确。谢同祥等指出，过程性评价是在学习过程中完成的，是构建学习者学习价值的过程；高凌飚认为，过程性评价采取目标与过程并重的价值取向，对学习的动机、效果、过程以及与学习密切相关的非智力因素进行全面的评价[34]。

过程性评价的目标是在教育活动过程中不断了解活动进行的状况以便能及时对活动进行调整，进而提高活动质量。过程性评价旨在为改进活动而了解活动的得失，而不是判断优劣、评定成绩。在实施过程性评价时，应在活动过程中根据活动进程有计划地进行评价。

关于过程性评价，目前国内有关文献阐述的或实践中表现出来的观点主要有三种。

第一种观点认为过程性评价是基于"过程性的观察为主"的评价，评价的是学生的认知学习的过程[35]。这种观点强调心理学意义上的学习过程，引导教师和学生去关注、认识、把握和改进学习的微观过程，提高元认知水平，从这一点来看是很有意义的。从评价的角度来看，通过评价的过程，如学生对某个问题的认识错误的分析，可以大致估计出学生的错误出在思维的哪一个环节上，进行思维的诊断。

第二种观点认为过程性评价是在教育、教学活动的计划实施的过程中，为了解动态过程的效果，及时反馈信息，及时调节，使计划、方案不断完善，以便顺利达到预期的目的而进行的评价[36]。这实际上是从历史性的角度，将一个相对比较长的阶段（如一学年）划分成一些相对短暂的阶段（如一个章节），将短暂阶段学习结果的评价看成过程性评价。

第三种观点强调过程性评价主要是对学生学习过程中的情感、态度、价值观做出评价[37]。典型方法或工具是"成长记录（学习档案）"或"表现式的评价"。这种观点导向对非智力因素的重视。过程性评价拓宽了学习评价的领域，运用质性评价工具对学生的情感、态度和价值观进行评价。

总的来说，第一种观点强调老师和学生去关注、认识、把握和改进学习的微观过程，提高元认知水平。过于强调过程性评价是对心理学意义上的微观的学习过程的评价，易使教师对学习过程和评价产生误解。第二种观点将相对较长的一个阶段划分成一些相对短暂的阶段，将短暂阶段的学习结果的评价看成过程性评价，关注的仍然是学习的结果。而我们侧重于第三种观点，认为这种观点比较准确地把握了过程性评价的本质和核心。

简单地说，过程性评价是一个对学习过程的价值进行建构的过程，是在学习过程中完成的，促进学习者发展的过程，这种发展包括以知识建构为主的情感、态度、价值观的协调、全面的发展。

评价是指对事物价值的判断，那么过程性评价就是对事物发展过程的价值判断。因为是要对过程进行判断，那么，过程性评价就不是对学生的学习进行一些简单的量化测验，它是将得到的评价结果反馈到后来的学习过程中。过程性评价注重的就是学生学习的过程和学生的终身发展，这也就是过程性评价的理念基础。过程性评价能够促进人的终身学习和可持续发展的过程，这种评价方式带有很大的实践性、主动性和参与性，因此"学会评价"成为当今社会"学会学习"的一个重要部分[38]。

7.2.2　过程性评价的基本特征

过程性评价的特征主要包括以下几方面。

1. 评价主体多元化

在以往的评价方式中，老师在其中是一个占据主导地位的角色。而过程性评价的主体则是多方面的，主要包括老师、家长、学生及其同学。其中，学生的自我评价是过程性评价的重要组成部分，这种自我反思型的学习评价让学生在学习过程中充分发挥了学习的主动性，形成了多方面思考与反思的习惯，学生在不断地自我评价和对小组同学的评价活动中学会了如何评价。

2. 评价方式多样化

过程性评价的方式主要有电子档案袋评价、学习成长日记评价、真实情境测验评价、行为活动观察评价等。过程性评价采用多种评价方式将无法量化的学习过程进行质性评价，评价贯穿于学生学习活动的始终。

3. 评价活动的及时性

过程性评价针对学习过程中出现的各种因素及时地做出评价，评价活动与教学活动同时、同步进行，老师与学生在共同讨论的基础上建立一个与学生终身发展相吻合的学习标准。学生能够及时地对老师、同学给自己提出的评价和反馈意见进行改正和完善。

7.2.3 过程性评价的局限性

1. 评价标准无法统一

由于过程性评价更多地采用了开放的、即时的评价方式，特别对学习过程的评价，评价所收集的资料和判断的标准可能都会因时而变、因人而异，就是对学习表现和效果而言，如果采用的是质性的方法，则其标准也无法做到统一，其评价的过程和程序无法做到规范。

2. 评价的公正性难以保证

当社会需要按一定的标准和规范来衡量教学的效益和学习的成果时，评价的公平与公正成为非常重要的原则。而过程性评价由于较多地带有参与者(包括评价的主体和客体)的主观性和个别特征，很难证明评价的公平与公正，所以是否被社会所接受也就成为一个问题。

3. 评价的强度难以把握

过程性评价贯穿于学习和教学过程的始终，那么评价的强度应该是多大才恰当，比较难以把握。如果过于强调评价，或评价的分量过重，则很容易导致评价过于频密烦琐，直至学生和教师不堪其烦。

4. 易导致评价的形式化

伴随过程性评价方式产生的还有许多新颖的评价工具，这些评价工具同样有着明显的局限，如消耗的时间过多、评价的视野不稳定等。如果不注意把握好过程性评价的实质而只是热衷于这些工具的使用，则很可能导致评价的形式化。前两个问题是由于评价方式本身的局限而引起的，后两个问题是由于过程性评价相对较难把握，容易造成运用不当带来的。不管怎么说，都是值得注意的问题。

7.2.4 过程性评价的理论基础——多元智能理论

多元智能理论由美国哈佛大学的发展心理学家加德纳于 1983 年在《智力的结构》一书中提出。多元智能理论打破传统的将智力看做以语言能力和逻辑/数理能力为核心的整合能力的认识，而认为人的智力是由言语/语言智力、逻辑/数理智力、视觉/空间关系智力、音乐/节奏智力、身体/运动智力、人际交往智力、自我反省智力、自然观察智力、存在智力等九种智力构成的，并从新的角度阐述和分析了智力在个体身上的存在方式与发展潜力等。

多元智能理论对教育界产生了巨大的影响，首先，它直接影响教师形成积极乐观的"学生观"，每个人同时拥有以上九种智力，只是九种智力在每个人身上以不同的方式、不同的程度组合存在；其次，它直接影响教师重新建构"智力观"；再次，它帮助教师树立新的"教育观"，强调评价的教育功能，发展和发现学生身上多方面的潜能，了解学生发展中的需要，帮助学生认识自我、建立自信，促进学生在原有水平上的发展。

7.2.5　过程性评价的实施

1. 过程性评价在教学中的运用

布卢姆第一次将过程性评价运用于教学活动当中，他认为过程性评价不仅是改进教学工作、提高学习效果、形成适合于教学对象的教学的重要手段，而且是促进学生智能发展、充分挖掘学生学习潜力的重要手段。

布卢姆提出过程性评价的任务是：

(1)调整学习活动。要明确规定每个学习阶段的学习目标及评价项目，划分出学习单元和具体课时，并根据评价结果及时调整学习活动。

(2)强化学生的学习。过程性测试能使学生明确是否已达到了阶段目标、存在的问题及今后的努力方向，从而调动他们的积极性，增强其自信心，以起到强化学习活动的作用。

(3)发现存在的问题。根据测验发现的问题，经过分析，可以找到产生错误的原因，为学生克服学习上的困难提供有效信息，同时也为确定新单元的学习目标提供必要依据。

(4)提供学习的矫正机制。根据对存在问题的分析，给学生及时的辅导和帮助，使他们自觉地改正错误，提高学业成绩。这不仅有利于学生全面地完成学习任务，而且有利于发展他们的认识能力[39]。

2. 过程性评价的主要工具

过程性评价工具的种类很多，在信息技术学科中较常用的主要有课堂观察、电子作品、项目型任务和电子档案袋等。由于任何一种评价方法与评价工具都不能完全评价出一个学生的全部素质与能力，各种评价方式对学生的评价视角又各不相同，所以对于学生学习的过程性评价，应当尽可能地将各种方法结合起来使用。

1）课堂观察

课堂观察可以帮助教师捕捉大量的关于学生在学习过程中的信息，如学生对信息技术课的喜爱程度、投入学习的热情与主动性、是否沉迷于打游戏、是否剽窃其他学生的作品或作业、是否发表一些与学生身份不相符的言行以及是否爱护机器设备等。还可以观察学生每节课的行为举止、上课出勤率、迟到早退、完成课堂任务的积极性等。这些信息有效补充了其他评价方式所无法收集到的信息。

有时，观察甚至成为我们对学生的某些方面进行评价的唯一方法。教师可以把一些观察到的重要信息记录下来，也可以有目的、有计划地对学生进行比较系统的观察。由于时间和精力有限，教师不可能关注到每一位学生，所以教师可以从学习特别困难的学生入手，做好课堂观察记录。

2）电子作品

电子作品的设计和制作是信息技术类课程中最为常见的一种作业方式。教师可以通过设置一定的作品设计作业来引发学生的特定行为，通过对作品完成情况的评价来收集有价值的评价资料。在对这些作品的评价过程中，不要简单地给予等级的划分和优劣的评述，而要综合考虑知识与技能之外的诸多其他能力。

对学生电子作品进行评价通常利用评价量规来进行。评价量规的使用可以对学生学习的过程进行有效的评价。在制定评价量规时，首先要将评价内容进行合理的划分，将其分割为若干个能够客观反映学习过程和结果的重要维度，或者多个可以观测的行为指标。然后为每个维度或行为指标制定能体现具体表现水平的标准，并将其划分为若干个等级水平，或者根据实际情况，为不同的指标建立不同的权重。评价量规的设计可以由教师完成，也可以由学生自主完成，主要根据任务的内容和评价的要求来确定。在以教师为主的评价量规的设计过程中，我们也鼓励学生加入评价量规的制定中。一方面，可以激发学生的主人翁意识，提高他们的积极性；另一方面，通过对评价过程的介入，学生能够更加深入地把握评价的内容，在学习过程中有意识地根据评价的内容来反思自己的学习，从而促进学生的进步。

3）项目型任务

项目型任务包括以信息技术为工具进行调查研究、交流探讨以及研究性学习等活动。在应用信息技术解决实际问题的过程中，可以全面了解学生的信息素养，包括在活动过程中所表现出来的信息技术操作水平、利用信息技术进行交流合作的能力、组织协调能力以及价值判断能力等多方面的素养。通常人们采用的探究性学习方式，强调对知识与技能的应用，强调学生亲身参与探索实践活动并获得感悟和体验，强调学生的全员参与。通过学习体验和过程与方法的掌握，让学生学会与人交往，形成团队合作精神，培养学生创新精神和实践能力，实现学生的全面发展。在设计评价量规时就要考虑学生进行探究学习的每个阶段，关注每一位学生获得的发展。评价的信息资料收集贯穿于探究性学习的全过程，大致包括：主题确定，规划创作进程；探究过程中遇到的问题、困难和解决问题的情况；学生在探究学习过程中获得的体验；探究成果的呈现与表达。这些信息有静态的文字，也有动态的实践；有外在的形象，也有内在的体验。

4）电子档案袋

相对于其他学科，信息技术课堂更具备建立和使用电子档案袋的条件。信息技术学科的电子档案袋主要收集学生在学习不同阶段的具有代表性的材料，如收获、体会、努力方向、电子作品、课堂任务和评价等。我们还可以充分借助信息技术手段，便捷地收集学生的过程性材料，有条件的学校可以购买电子档案袋系统或者由信息技术教师自行设计、开发的电子档案袋系统；条件有限的学校可以采用最简易的电子文件夹的形式来构建电子档案袋。

以电子文件夹构建电子档案袋为例，在实施之前先让学生了解电子档案袋评价，并向学生展示电子档案袋的范例，明确放入电子档案袋的内容。教师可以根据具体情况来设计，例如，电子档案袋中包括过程文件夹和精品文件夹。过程文件夹放置的是学生所"积累"的成长轨迹，如学习记录、作品集、学习资源、学习体验与反思、评价信息等。精品文件夹放置的是学生自主收集能够反映学生自身最高水平或最满意的作品，以及选择该作品的理由、创作该作品的心得体会和反思等。教师定期开一次"学生成长展示会"，以只读的形式将前期的电子档案袋进行全班共享。让学生在回顾自己的成长过程和技能发展经历的同时，通过榜样作用促进对自己的认识和反思，从而进一步提高电子档案袋的规范和质量。在电子档案袋实施过程中，教师要全过程跟踪和指导学生的学习。学生也需要为丰富自己的档案袋不断地投入精力。如果教师控制不好"度"，有可能使双方产生很大的精神和工作压力。教师感受到工作量增加的压力来自于电子档案袋的内容收集和进行评价两个环节，所以应把握自己在档案袋评价中的作用和角色定位。首先，教师要相信学生的能力，放手让学生自己去做，以指导和监控为主，而不要具体介入学生操作的每一个环节和内容。其次，电子档案袋鼓励学生的评价与反思，教师主要负责定期主持召开电子档案袋的反思和交流活动。建议教师在这样的活动中，发动学生进行自评、互评，充分发展学生的自省意识和能力，必要时还可让家长参与。这样，教师就可以只在适当的时候对个别学生加以指点，或者以抽查的方式监控学生的发展状况，指导学生的改进行为。再次，教师要引导学生正确认识档案袋评价，不要使学生对档案袋评价产生抵触情绪和任务感。

7.2.6　过程性评价的实施步骤

评价的实质在于价值判断。从操作层面上看，评价的过程包括设计评价方案和工具，利用评价工具收集资料数据，对资料数据进行分析得出结论，对评价结论进行解释。因此，过程性评价的实施应该包括以下四个环节(图 7-1)：

(1)明确评价的内涵和标准；

(2)设计评价方案和工具；

(3)解释和利用学习结果；

(4)反思和改进评价方案。

```
┌──────────────────────┐
│  明确评价的内涵和标准  │
└──────────────────────┘
           │
           ▼
┌──────────────────────┐
│  设计评价方案和工具    │
└──────────────────────┘
           │
           ▼
┌──────────────────────┐
│  解释和利用学习结果    │
└──────────────────────┘
           │
           ▼
┌──────────────────────┐
│  反思和改进评价方案    │
└──────────────────────┘
```

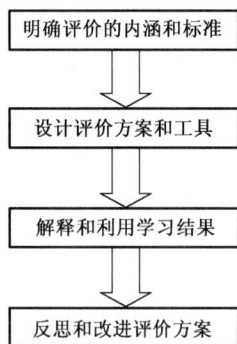

图 7-1　过程性评价的四个环节

1. 明确评价的内涵和标准

根据评价的使用目的及结果来看，过程性评价属于课堂学习评价，一般由学校自主进行，评价的主体包括教师和学生。在评价的过程中，教师虽然也作为评价者参与评价过程，但更多的是作为评价的监控者和组织者，所以评价的主体主要是学生，评价的责任也就相应地落到了学生的身上。因此，评价工作的第一步是使学生理解评价的内涵和功能，明确评价的内容和标准。

过去，由于学生长期处于被评价者的地位，对于什么是评价，评价的目的和作用是什么，以及如何正确地评价自己和他人等的认识是比较薄弱的，导致在评价过程中不能正确地把握和对待评价的标准。有一位老师在体会中写道"评价过程中秩序比较混乱的问题，例如，有的同学在评价之前给自己定为 B 等，但当小组汇评为 C 等时，又将自己改为 A 等，以求在最后的评价中能获得更高的评价"。这位老师提倡让学生讨论过程性评价，培训学生如何进行过程性评价，这个出发点很好。因为学生对过程性评价的理解将直接影响他参与的积极性和责任心等问题。如何使学生提高对过程性评价的认识，使评价的水平由完全的下意识或潜意识水平以及情感水平逐步上升到理智水平,应该成为评价过程中的一项重要内容。当然,教师作为评价的组织者和主体之一更应该积极地提高对评价的认识,在教学的过程中逐步引导学生,使学生学会评价。

2. 设计评价方案和工具

从评价的内涵中可以看出,过程性评价是基于人们对学习质量的认识提出来的,是一种较具体方法更为上位的评价方式,因此,不能将过程性评价与某种特定的评价方法甚至评价工具等同起来,应该根据学校和学生的实际情况,针对具体问题,选择合适的评价工具。

下面是一所学校的具体做法,从中我们可以获得启示。

一位老师根据自己的观察和其他老师的反映,发现所教班级学生的学习习惯普遍不好,导致成绩不理想。为此,该教师根据过程性评价的理念,注重评价的及时修正和激励的功能,开展"白描"的记录方法,设计了一种"记录→评价→再记录→再评价"的评价方式,在教学的过程中实施评价,有效地转变了学生的学习方式。评价的方案包括三个阶段,具体如下。

(1)自我记录,自我评价。

也就是说,每个学生自己给自己的平时学习情况做一个记录。记录的内容包括课前预习情况、上课集中精力情况和对待作业的修改情况。在这里,记录起的作用不是要给他下一个结论,而是让他自己看一下平时是如何学习的,学习的态度和习惯怎样?学生对记录结果的反映是:不记不知道,一记吓一跳。大约在一个学习阶段结束后,分小组进行一次总结。每个学生用语言叙述的形式对自己的学习习惯做一个自我评价,评价的关键不在于断定学习习惯的好与坏,而是对比自己的单元测验成绩,看看这样的学习习惯和方式对自己的学习有怎样的影响,然后自己提出修正的措施,同时老师和小组其他同学也可以给予一些建议。

(2)他人记录,他人评价。

在这个阶段主要是由他人进行记录,考虑到操作性的问题,主要由同桌相互记录。记录的内容不再是学习过程中的平时表现情况,而是学生的改正情况。一段时间后,再开展一次小组讨论,主要是评价学生的改进情况,根据具体情况给予相应的肯定和鼓励。

(3)综合评价。

结束后进行一次总的评价,汇总前两个阶段的自评、他评,教师也对学生的情况给予一定的评价。

3. 解释和利用学习结果

在学年或一个学习阶段结束之后，应如何报告、解释、利用过程性评价的结果？有的学校建议把"过程性评价的结果赋予权重，折算成一个分数，然后与终结性评价的结果相加，作为最终学习结果"。那么，过程性评价与终结性评价要不要整合？回答这一问题，首先要看过程性评价目的是什么，评价的内容是什么。

过程性评价属于个体内差异评价，评价的目的并不是对学生的学习做一个终结性的结论，而是促进学生的学习与发展；评价的内容主要不是学生最后达到的水平，而是学生的进步情况。教师和学生应该通过对收集资料的分析，让学生了解自己的进步和不足，在此基础上提出建议，使学生明确将来继续努力的方向。所以，简单地把过程性评价的情况折算为一个分数加到考试成绩里面是没有意义的，过程性评价的结果与终结性评价的结果应该分别给予呈现报告。鉴于家长与社会的习惯和需要，可考虑在定性报告描述评价结果的同时，用等级表达过程性评价的结果。

4. 反思和改进评价方案

整个评价方案实施结束以后，还需要对于评价方案进行再评价，也称"元评价"（meta assessment），即"在评价的过程中，为检讨评价方案，实施过程与结果，借以总结成功的经验和纠正评价工作之不足，而对正在进行或已完成的评价进行价值判断"。元评价的关键在于确定元评价的标准问题，即一份好的方案的标准是什么。我们可以以下述问题作为考察评价方案的依据。

(1)有效。这个方案是为了解决什么问题，是否最合理地解决了问题，在多大程度上达到了我们的目标？

(2)可行。方案的要求是否超出了学校现有的条件和能力？评价的工具是否烦琐，是否给教师和学生带来很大的负担？

(3)可信。评价的标准是否恰当？评价工具收集的信息是否准确？

7.3　电子档案袋评价与传统教学评价的比较

7.3.1　传统教学评价的不足

1. 教学评价目的不清晰

传统的教学活动是以鉴定为目标的评价活动为主导，这与我国教育的发展水平、国情现状以及教学评价的工作人员对教学评价的认识有关，在一定程度上带来了负面影响。

　　教师和学生并不是关心"如何提高学习效率"和"如何改进教学质量"，而是关注评比的水平等级或考试的分数结果。通常，教师只有在领导听课的时候才会用到一些有趣的方法来活跃课堂，而在平时的课堂教学活动中，学生总在不断地做题，实行的是"题海战术"，使学生丧失了学习的兴趣，被动地接受知识。这样以鉴定为目标的教学评价，使得教师和学生不会去反思自己的教学或学习什么地方出现了问题，该如何改进，而是只关注分数排名，这在很大程度上不利于教师改进教学方式、学生提高学习效率。

　　2. 教学评价过程不完善

　　教学评价不仅要关注教师"教"的效果，而且还要重视学生"学"的过程，只有把两者有机地结合起来才能真正进行科学的评价。对教师的评价，可以让教师知道在教学过程中存在的问题以及不足，改变教师的教学方法，提高学生的学习效率。对学生学的过程进行评价，可以了解学生的学习心得和学习方法，也有利于提高学生的学习积极性。双管齐下才可以促使教学朝着有利的方向发展，而在现有的教学评价体系下，这两方面都是欠缺的。

　　3. 评价内容片面化

　　传统教学评价往往将目标定位于学生的基本知识与基本技能，这属于学习成就方面的评价内容。虽然学习成就是学生评价的一项重要内容，但是，学生评价除学习成就，还应该包括对学生态度、个性、兴趣、学习能力、创新精神和实践能力等综合评价，这些方面目前都很难给出正确、可信的评价。

　　4. 评价标准不灵活

　　传统教学评价没有重视学生发展的多样性和不平衡性，往往使用统一的标准进行评价，这很容易造成对学生评价的片面性，又严重挫伤学生的自尊心。如果根据考试分数来对学生进行评价，分数低的学生将会丧失对学习的自信心，分数高的学生又容易因为高分而不能全面了解自己，看不到自己的薄弱之处。

7.3.2　电子档案袋评价的优势

　　电子档案袋作为一种学习与评价工具，在信息化的时代，它的价值越来越受到学习者、指导教师和学术研究团体的关注，它存在着独有的一些特点。

　　1. 评价的多元化

　　在传统的教学评价中，教师是唯一的评价主体，考试是唯一的评价方式。而电子档案袋评价打破了教师片面评价的局面，评价的主体可以是教师、学生自己、学习伙伴和家长，评价也可以从不同的角度对学习者进行评价，可以多角度地对学生的学习效果进行真实的了解。

2. 评价的个性化、公平化

传统的教学评价只是单纯通过考试的方式进行的，同样的考试在相同的时间段、相同的环境、相同的试题和相同的方式对于不同的学习者，表面上是公平的，但却忽视了学习者不同的认知水平、不同的文化背景、不同的学习风格、不同的家庭背景等，事实上是大大的不公平。而电子档案袋则改变了传统教学评价的诸多不足，学生可以选择自己擅长的方式，熟悉的工具去发挥自己的能力，展现个人对主题的独到见解。这充分体现了电子档案袋评价的公平性和学生学习的个性化，也更有利于学生多元智能的全面发展。

3. 以学习者为中心

在传统的教学评价里，教师对教学内容、教学目的、学习进度、学习资料、学习评价拥有绝对的掌控，学生通常只是听从教师的指挥，被动地接受，缺乏主动权。而电子档案袋的宗旨则完全是以学习者为中心，学生可以按照自己的兴趣和爱好来学习，根据学习目标的指导，去搜集适合自己的学习资料，完成要求的作品。这样，学生拥有了完全的自主权和控制权，能够参加到评价标准或评价量规的制定中，这样也更能促进学生展开自主学习。

4. 以评价来促进发展

美国著名学者斯塔弗尔比姆曾这么说过："评价最重要的意图不是为证明，而是为了改进。"传统的教学评价对学习者的消极评价多于积极评价，例如，对待学生总是否定、指责、灌输、强求、重分数，很少对其进行肯定、表扬、启发、帮助、轻能力，为了评价而评价，完全忽略了评价对学生的促进作用。电子档案袋评价以"评价促发展"的基本理念，学生不仅可以积极参与到评价标准制定中，也能够用自己制定的标准来指导自己，主动去学习知识，这样的效果会比被动接受好很多。

5. 评价情境的全面化和多媒体化

教学评价应该在学生参加的学习活动中进行评价，而不应该发生在与课程分离的测试情境中，单一地用考试结果来评价学生显得有些片面。电子档案袋是一种面向过程的评价方式，它贯穿于整个学习过程，记录了学生的整个成长历程，实现的是学习、课程和成果一体化和全面的评价，不再脱离课程和学习对学生展开评价。

同时，电子档案袋包含的作品是多媒体格式的，能为学生提供多种感官的感受和刺激，来再现学习过程，通过电子档案袋构建的多媒体化的学习情境，学生能获得全面的学习和评价体验。

6. 评价的过程性

传统评价面向结果，而基于电子档案袋的评价贯穿于整个学习过程的始终，因此基于电子档案袋的评价依据是整个学习过程。目前国内的评价制度多采用在一定阶段进行标准化测试，例如，国内的中考和高考都是通过一次考试来决定学生下一步的去向，有一定残酷性和不科学性，因此不可避免有些优秀的学生因为一次考试失误就被判为差生。但是通过积累、选择学生整个学习过程中的学习作品，电子档案袋能为读者生动地再现学生的学习过程，这样就可以根据学生整个学习过程进行过程性评价和总结性评价，不再仅仅凭一纸试卷作为评价依据。

7. 评价的灵活性

网络上的知识浩瀚无边，学生在网络上进行学习，仅靠他们独自去学习获得的知识会比较狭窄，无法获取到全面的专业知识。电子档案袋支持知识的共享，为学生获取专业知识打开了方便之门，学生通过电子档案袋链接找到相关资料，可以分享自己下载的文件和信息。这样让知识的传递更加具有针对性，学生也可以在电子档案袋中的评论区域，进行学习心得与观点的交流和探讨，使知识更好地被应用。此种针对性使得学生对教师安排的任务进行探讨与评论，可以让他们找到相同的兴趣爱好者来一起交流学习、合作学习，通过长时间的关注，大大提升各自的专业知识，也能够发展学生的参与积极性和学习积极性，形成好的、良性的学习循环系统[40]。

学生在网络环境的影响下，学习也变得灵活、自由、全面，网络上在线学习，网络课堂，各种视频教程等的出现，铸就了如今学生全面、多维度的思维方式。单一的书面知识已经很难再提高学生的学习兴趣，而电子档案袋链接到的网络知识，可以契合学生全面、多维度的思维。在网络环境下，电子档案袋按照时间的先后顺序记录着学生的学习历程，学生也可以进行自我知识管理，提高自身的学习能力。这样根据学生学习情况，评价者可以在不同的时空，不同的地域对学生的学习成长经历进行灵活的评价。相对于传统注重结果分数的考试来说，电子档案袋评价方式的出现，其实质是全球化知识经济网络社会背景下教与学变革的一种体现。

7.4 过程性评价的实例——"英特尔未来教育"项目

前面指出,欧美国家的电子学习档案袋研究和实践已经处于良好的发展时期,无论是初等教育、中等教育或是高等教育、职业教育甚至企业公司、组织的员工技能培训等都在尝试使用这一思路和做法。而近几年风靡全球教育界的"英特尔未来教育"(Intel Teach to the Future)培训项目也在其课程项目中运用了电子学习档案袋的信息化教学基本思路和过程性评价的手段。

"英特尔未来教育"是一个大型的国际合作性教师培训项目,涉及 20 多个国家和地区。他们提出的口号是"让技术服务于教学,使课堂更加精彩"。这个项目的目标,是要帮助教师"扩展创造性思维,从而达到让学生发挥创造力,摆脱课堂束缚的目的","使教师知道如何把计算机技术应用到他们所教的课程中,从而增强学生的学习能力,提高他们的学业成就"。项目的设计者也意识到,生活中的一些重要知识不用计算机也可学到,因此建立了"强大的评价工具"来检验计算机是加强还是减弱了学习效果,以便教师"更好地设计自己的教学内容"[41]。

该培训项目很明显是一种基于过程(process-based)的学习。具体内容是让教师选择一个他们目前在教的或在将来要教的单元作为正规课程的一部分,通过学习和培训过程中整合学习作品(如多媒体演示文稿、电子出版物、网站制作等)于该单元的教学中,最终制作出一个有效利用技术的、与国家课程标准相符合的完整单元计划,让教师能带着"技术产品"回到学校,并能使这个技术产品具体运用到课堂教学中,提高班级学业水准,达到重要的学习目标。

项目中包括以下内容或学习单元:

(1) 与教学大纲相符的单元计划(unit plan);

(2) 学生多媒体演示文稿范例及多媒体评价工具;

(3) 学生网站范例及网站评价工具;

(4) 单元计划支持材料(如教师演示文稿、新闻公告、网站等);

(5) 单元实施计划;

(6) 课堂管理文档。

完成这个项目,需要参与者对自己的学习负责,参与完成大量学习任务和工作。在最后,参与者会有一个最终能够应用于课堂教学的、融入了技术的产品,并且能够清楚地知道如何在教学中合理应用技术。通过这样一种学习方式,让学习者明白获得某种技术的亲身体验不是参加培训的唯一目的,更重要的是使教师明白如何才能将技术合理地融入他们的教学。这很明显是一种基于"作品"的过程式学习方式,项目参与者学习任务结束后所获得的学习成果其实在学习过程中扮演着一种学习工具和评价工具的角色，这种融发展与工作、融学习与评价于一体的，让学习者本人对学习负责的思路则是该项目的潜在的特色，这也是一种有别于传统教学与培训的思路。

应该说，"英特尔未来教育"是一种学习与培训技术的商业化运作，它以其面向过程的基本理念向传统教育教学提出了挑战，而它面向过程的基本方式则是"技术产品"的设计与运用，它遵循学习中心的建构主义原则，倡导一种基于"成果"的学习评价方式。

在关于电子档案袋学习和过程性评价相互结合的研究上，"英特尔未来教育"是一个比较好的案例。

"英特尔未来教育"这种基于过程性的培训模式很适合移植到电子档案袋平台上。实际上，"英特尔未来教育"给中国带来的不仅是一种简单培训的模式，而且是一种深刻的教育思想的启迪，一种评价方式的转变。在它的影响下，电子档案袋这样一种基于过程性的学习、评价的模式在中国获得了很多学者的关注和大力发展也是必然的。

第 8 章　多媒体电子作品评价量规的设计

8.1　多媒体电子作品

上海师范大学教育技术系黎加厚教授等是国内较早专门、系统撰文阐述有关电子档案袋的一批学者。不过，黎加厚教授当初重点论述的是"电子作品"，并使用了他自己关于 e-works 的名称译法，叫做电子作品。

在《中国电化教育》2001 年第 1 期，黎加厚和王旭卿等从教育改革发展的角度阐述了电子作品的深远影响。在文章中，他们写道：在课堂教学活动中，学生和教师将他们创新思维和问题解决的结果运用现代信息技术提供的环境表达出来，如用 Word 制作成电子作业、用 PowerPoint 制作的演示文稿、用 FrontPage 和 Dreamweaver 制作的主页，AuthorWare 制作的多媒体课件、用 VB 设计的小软件等，这些数字化的作品被称为"电子作品"（e-works）。这些设计的电子作品，往往集合了多种媒体的形式，如文字、声音、图形、图像及视频等，因而也被称为多媒体电子作品[42]。

基于电子档案袋的学习和评价过程，适合所有课程的学习，但也应该说更加适合信息技术类或电子作品设计类课程的学习，而对于多媒体电子作品的评价，运用量规来进行评价是符合多元智能理论的。

8.2　电子档案袋评价的优点

1. 有利于研究性学习的开展

从电子档案袋的定义可以看出，电子档案评价是一种在自然情境中的动态评价。它使得学生在没有压力和时间限制的情况下，通过学习资源、指导材料等的帮助或者与其他人的合作来展示高质量的作品。它主张在真实的任务中评价学生的综合能力，强调评价主体多元化，并且重视学生的自我评价在整个评价中的作用。因此，电子档案袋评价克服了传统考试离散性、片面性、单一性的缺点，符合我们现在所提倡的研究性学习的特点。

2. 展示出一个真实、丰富的学习过程

电子档案袋的最大的优势是向老师、家长和学生展示出一个真实、丰富的学习过程，比起纸笔测试和其他传统评价更能说明学生知道什么和能够做什么。

3. 促进学生自我教育，培养发展自我学习的意识

电子档案袋评价注重通过有目的地收集学生作品，展现学生的努力、进步与成就，使学生体验到自身的进步与成功的愉悦，而它除具有传统学生评价的甄别功能外，还具有激励功能。学生电子档案袋中材料的收集与处理，更多地需要学生在教师指导下进行自我反思、自我评价。正是在这一过程中，学生的自我认识能力、自我判断能力、自我调控能力获得显著提高，也就是说，电子档案袋评价具有促进学生自我教育的功能。

4. 电子档案袋评价有利于学生评价内容的系统化

电子档案袋评价是评价多样化技能的一个工具，它采取多种方式对学生的发展做出评价，既包括对课程学习状况的测验，也包括对具体问题情景处理的评价；既包括学生的认知水平的评价，还包括在认知过程中体现的情意态度的评价；既包括教师的评价，又包括学生本人及其同学、家长、相关人士等的评价。

5. 电子档案袋评价能优化学习成绩评价的程序

成功的评价程序的核心是将学生包含在基于表现的教育和评价过程中。电子档案袋能为跟踪学生在表现性评价和多维有意义学习任务中的直接经验提供理想的关联。不但可以记录最后的作品，还可以记录学生正在进行的思想反馈和决策形成的过程。

6. 电子档案袋评价不仅关注终结性评价，更重视学生发展过程的评价

把终结性评价、形成性评价和诊断性评价结合起来，使发展变化的过程成为评价的重要组成部分，让学生真正参与到评价中，使评价能触及学生的内心深处，使评价产生教育意义。把学生评价过程变成教育和指导的过程，变成不断促进学生发展的重要载体。这也是近年来世界各国教育评价改革的主要趋势。

7. 电子档案袋评价注重学生评价过程的参与

学生从被动地接受评价变为评价的主体。所有的电子档案袋，包括不同的课

程设置、学生人数、与管理者关系等，都要考虑到学生的自我教育，使他们有收集作品自主权，反馈怎样才能做出更好的作品以及利用这些反馈在将来的工作中取得成绩。

研究表明，所有不同水平的学生把评价看做别人对他们所做的事情，学生对怎样评价他们自己知之甚少。电子档案袋可以提供框架，将学生包含在发展和理解好作品的标准的群体中，让他们觉得标准是他们自己制定的，并且将这些标准用在他们自己和其他人的作品评价中。

8.3　基于电子学习档案袋的评价方案的设计

基于电子学习档案袋的评价是过程性评价方法的一种，它注重过程，注重评价的真实性，注重评价的发展性功能。在实际教学中如何利用电子学习档案袋来评价学生的学习是一个不容忽视的重要问题，参照电子学习档案袋和过程性评价的相关知识，我们首先制定了一个基于电子学习档案袋的评价方案，其具体实施步骤如下。

8.3.1　明确评价目的

评价作为整个教学过程的有机组成部分，对教学过程有着重要的影响，明确评价目的，就是要明确"为什么评价"的问题。传统的学习评价中，学生处于被评价者的地位，对于什么是评价、评价的目的和作用是什么等缺乏认识，导致在评价过程中不能正确地把握和对待评价的内容和标准，对评价结果不够重视。因此，在开始评价之前，应跟学生指明评价的意图，使学生形成正确的学习目的，进而产生积极的学习态度和强烈的责任心。

利用电子学习档案袋对学生的学习进行评价，主要通过在电子学习档案袋中提供有关学生学习实际水平的证明材料，从而对学生的学习过程综合分析，从多角度、多侧面判断每个学生的优点和发展的可能性，发现学习中的问题和不足，并提出相关的建议，以改进今后的学习。清晰地理解评价目的，有利于学生更好地为学习和评价做准备。

8.3.2　确定评价内容

评价目的明确后，自然要思考"评价什么"的问题，即确定评价的内容，这是一个重要的问题。传统的评价中，人们往往把评价等同于考试，在这种观念的影响下，评价的内容就仅局限于知识和技能。新形势下的教育教学要求对学生的各方面情况进行全面综合考察，也就意味着，在评价学生的知识和技能获得的同时，还要关注知识和技能获得的过程、方法以及学生在学习中的情感态度和价值观的变化。这为评价内容的确定提供了重要依据。

基于电子学习档案袋的评价中，教师应在开始一个主题学习之前，首先向学生介绍该主题要评价的内容，如作业完成情况、学习态度、学习进度等，包括确定电子学习档案袋中收集资料和存放作品的类型等。此外，资料的收集必须是与主题相关的一系列素材，学习者还需要对所选的素材说明选择理由。同时，在电子学习档案袋中要有学生的自我评价和反思。电子学习档案袋里不可能存放学习者的所有作品，学生只需要将学习开始时最能反映其学业基础的档案文件、学习过程中反映其不断进步的作品以及最终的作品放入电子学习档案袋中。学生还要对所选的作品进行评价和反思，对评价内容有了一定的了解，达到"心中有数"，才能有针对性地进行学习。

8.3.3　制定评价标准

为了使评价内容更加明确化、具体化和可操作化，需要制定评价标准。评价标准应该用具体、清楚、简练、可测量的术语表述出来，即用具体的项目反映抽象的内容。评价标准的制定是实施评价方案的重要环节，设定评价标准时应突出标准的弹性、可选择性。为了保证评价的客观与合理，基于电子学习档案袋的评价需要设计相应的评分方法或评价量规。

制定评价量规首先要对评价的内容进行合理的划分，分为若干个能够客观反映学生学习过程和结果的重要维度，或者是多个可以观测的行为指标，然后为每个维度或行为指标制定能体现具体表现水平的标准，并将其划分为若干个等级水平。评价量规的制定可以由教师或学生独立设计完成，也可以由师生一起制定，这样可以发挥学生的主观能动性，激发学生的主人翁意识，提高他们的学习积极性，使学生更深入地把握评价的内容，在学习过程中有意识地根据评价量规来反思自己的学习，从而促进其学习的进步[43]。

8.3.4　开展多元评价

1. 自我评价

学生在学习的过程中，可以根据评价量规的标准，对电子学习档案袋里自己的作品进行评价、反思。此外，学生还要对自己的学习态度、学习方法与效果等方面进行反思与评价。

2. 小组评价

小组评价也称同伴评价。由于小组成员之间长期接触、共同学习、讨论问题，彼此都有一定的了解，通过组内互评，不仅可以了解到学生的真实学习情况，还可以促进小组成员之间互相学习、取长补短。组内成员主要是对学生的电子学习的作品、学习的态度、参与程度、合作意识等多个方面进行评价并给予一定的评价意见。

3. 教师评价

教师根据学习过程中学生的多方面表现，例如，学生的学习积极性、学习进度、作业的完成质量等多个方面，给予学生一定的评价。

以上三个方面的评价信息都可以存放在学生电子学习档案袋中，以便于学习者及时、方便地了解自己的学习情况。

8.3.5　反馈并提出改进的建议

评价的根本目的是推动改进，促进发展。因此，在评价活动结束后，评价信息同时就反馈给了学生，使学生了解自己的学习状况。此外，还需要针对学生的学习情况，提出改进的建议。在表述改进建议时，可采用激励性语言描述学生通过改进后达到目标时的行为表现，对于不同的学生，应提出有针对性的、有个性化特征的改进建议。

8.4　多媒体电子作品评价量规的设计

量规（rubric）是一种结构化的定量评价标准，往往是从与评价目标相关的多个方面详细规定评级指标，具有操作性好、准确性高的特点。

评价量规是教育评价中对表现、满意度、没有现成工具可以测量的综合因素等比较抽象的评价对象进行评价时常用的办法。评价量规实质上是对评价者在价值判断中的感受程度的一种表达方式，它与用语言定性描述判断方法相比，具有较高的精确性和评价对象个体之间的可比性等优点，但也有不够详细和生动的缺点。

要使测评结果具有较高的可靠性和可比性，关键问题是要制定科学可行的量化指标体系。在构建多媒体电子作品评价量规时，可以借鉴其他学科比较成熟的评价指标体系，再结合多媒体作品的特点来选取评价指标。同时，在选定指标时，要注意指标不能太多，太多不易操作；也不能太少，太少区分度不够。

在参考相关评价量规设计的基础上，设计了一个基于过程性评价的多媒体电子作品评价量规，将评价量规的评价指标体系划分为 5 个"维度"，20 个"评价要素"（即二级指标）。其中 5 个维度分别为"教育性"、"科学性"、"技术性"、"艺术性"和"实用性"，每个维度下面又包括若干个"评价要素"，每一项"评价要素"的评价等级又分为 A、B、C、D 四级。评价等级中，A 级：表示可以很好地完成各项指标要求，成绩评定为"优秀"；B 级：较好地完成各项指标要求，成绩评定为"良好"；C 级：基本达到各项指标要求，成绩评定为"及格"；D 级：达不到各项指标要求，成绩评定为"不及格"。设计的多媒体电子作品评价量规见表 8-1。

"教育性"维度下有三个评价要素，分别是"选题恰当"、"具有教学价值"和"有明确的学习目标和教学基本要求"。从这三个方面对多媒体作品的教育性进行评价。

"科学性"维度下有五个评价要素，分别是"内容的表达符合科学原理"、"内容编排逻辑严谨，符合认知规律"、"内容的展示结构合理、条理清晰"、"媒体选择恰当，能激发学习动机"和"提供丰富的与内容相关的参考资源"。

"技术性"维度下也有五个评价要素，分别是："交互性设计有利于引导学习者学习"、"图面清晰且与主题相关"、"音频质量高"、"视频或动画连续、流畅"和"媒体格式符合有关技术标准"。

"艺术性"维度下有四个评价要素，分别是"界面设计美观、大方"、"布局合理"、"界面风格统一"和"色彩协调、色彩对比恰当"。

"实用性"维度下有三个评价要素，分别是"操作简便、灵活"、"不同内容之间的跳转方便、可靠"和"有清晰的帮助、说明或导航系统"。

在过程性评价中，评价形式采用"自我评价"、"小组评价"和"教师评价"三种方式相结合。"自我评价"和"小组评价"采用等第制的形式，而"教师评价"则采用评语的形式。

表 8-1　多媒体电子作品评价量规

院系		专业班级							
姓名		作品名称							
评价维度	评价要素		自我评价				小组评价		
			A	B	C	D	A	B	C	D
教育性	选题恰当									
	有明确的学习目标和教学基本要求									
	具有教学价值									

续表

评价维度	评价要素	自我评价				小组评价			
		A	B	C	D	A	B	C	D
科学性	内容的表达符合科学原理								
	内容编排逻辑严谨，符合认知规律								
	内容的展示结构合理、条理清晰								
	媒体选择恰当，能激发学习动机								
	提供丰富的与内容相关的参考资源								
技术性	交互性设计有利于引导学习者学习								
	图面清晰且与主题相关								
	音频质量高								
	视频或动画连续、流畅								
	媒体格式符合有关技术标准								
艺术性	界面设计美观、大方								
	布局合理								
	界面风格统一								
	色彩协调、色彩对比恰当								
实用性	操作简便、灵活								
	不同内容之间的跳转方便、可靠								
	有清晰的帮助、说明或导航系统								
教师评价		自我评价： 签名：				小组评价： 签名：			
教师评语	激励性评语： 签名：								

第9章　过程评价型电子学习档案袋
平台的设计与开发

新课程改革纲要中明确提出，要"改变课程评价过分强调甄别与选拔的功能，发挥评价促进学生发展、教师提高和改进教学实践的功能"，而传统的教育评价方式方法过于陈旧，过于注重对知识技能掌握的评价，忽视了对学生知识学习的过程与方法的评价，忽视了对学生情感、态度和价值观的评价。电子档案袋评价就是在这种背景下引进过来的，因为学生的电子档案袋能向教师、家长和学生本人提供丰富的内容，反映学生知道些什么、能做或不能做些什么、想些什么、哪些方面进步了，是典型的过程性评价，因此一引进过来就得到了教育专家的推荐和一线教师的广泛应用，并取得了令人鼓舞的成果。

9.1　电子学习档案袋系统的开发原则

电子学习档案袋的主要功能用两句话可以总结：展示、记录学生学习过程；实施以过程性评价为主的多元评价。电子档案袋评价以促进人的发展成长为宗旨，以促进学习为直接目的，而不是为了评价而评价。

1. 展示成长，记录进步

电子学习档案袋能具体直观地反映学生的进步和自己所取得的成绩。在电子学习档案袋中收集的是一系列自己的作品样本，以向学校和同学提供自己进步的信息，展示学习的成就，使自己在回顾自己的学习历程时产生自豪感，在体验成功的同时，激发继续努力的斗志，在别人的称赞声中找到自身的价值，激发潜在的能力，促进自己向更高层次发展。

2. 多元评价，自我反思

自省催人奋进，反思使人成功。电子学习档案袋记录了学生学习的成绩，在展示成绩的同时，学生也在不断回想取得成绩的过程和方法，从中找到失败的教训和成功的经验，学会自我反省。在浏览其他学生作品的同时，找出自己的优势也找到与别人的差距，提高自我评估能力，使学生能正确评价自我，帮助自己顺利找到自己的最近发展区。

3. 交流经验，完善自我

学生通过浏览其他同学的学习成果，学习其他同学的可取之处，能开阔个人的视野，拓展自己的专业知识和教学方法，丰富自己的综合知识。

9.2　电子学习档案袋开发的准备工作

1. 明确教学目标

电子学习档案袋开发的目的是对学生的学习过程作出评价，组织档案袋评价的第一部分也是最重要的一部分即让它取决于教学目标，因为教育目标决定教学目标和评价策略，这些又决定了电子学习档案袋中学生作品的选择和评价。开发者最先考虑的是如何使档案袋评价与课程有机地整合起来，教师应该让学生在学年开始就知道他们在学期末之前要创建一个档案袋，而且将作为评价他们的主要工具。

2. 确定使用对象

尽管对于大多数教师来说，电子学习档案袋设计的初衷是鼓励学生，支持新的课程和教育目标、促进学生的团队精神，但是与学生有密切关系的人员也会影响电子学习档案袋的结构和使用。例如，教师、家长、管理者等，他们也是学生电子学习档案袋评价的主要参与者。开发者应事先调研将要使用这个电子档案袋的人数、受教育的水平、计算机操作熟练程度等，深入了解教师和学生对电子档案袋评价的内容、标准、方法的建议。关键是深入调查电子学习档案袋将怎样在学校应用，然后根据这些需要选择或设计软件。

3. 组织电子档案袋内容

电子学习档案袋最重要的作用就是能给理论过程注入活力，帮助学生发现他们是怎样把零散的活动变成一个圆满的教育成果。一个电子化的档案袋能将学生的学习过程和科技创新能力可视化，成为帮助学生联系所有不同经历的工具。而且学生将非常高兴有一个机会在一个有意义的项目上去应用他们的知识技能。

(1)明确在档案袋里放什么、放多少，不但有必选内容而且有可选内容。在档案袋里包含可选内容非常重要，因为它使得自我表达和独立成为可能。

(2)对于每一个条目都要明确它是怎样被评价的。学生要在执行任务之前对得分点和评价量规表非常熟悉。

(3)电子档案袋的条目用哪些方式呈现。

(4)怎样在档案袋评价过程中把家长或其他相关的人包含进去。

要知道怎样使档案电子化，因为熟悉的文档文件、幻灯片、Web 站点、统计表等都已经成为电子化的形式，现在的问题是如何采用合理的方式把这些电子化的成果组织起来。一旦档案袋电子化，它相比于纸质的档案袋将更容易被保存、修改和更新。

4. 选择开发电子档案袋的工具

基于以上的调研准备，选择合适的软硬件，确定电子档案袋开发工具，要确保使用这种工具开发出的电子档案袋应该是可移植性的、现有软件支持的对所有使用者都可用的，而且可在不同的系统平台上使用。

9.3　电子学习档案袋开发流程

1. 埃沃斯和巴伦提出的电子档案袋开发流程

制作电子档案袋能增进师生的多媒体技术使用的技能。埃沃斯和巴伦(Ivers & Barron)将电子档案袋开发流程概括为以下列步骤。

(1)估计与决断。就多媒体展示来说，主要应该关注最适合于展示环境的潜在的观众、展示目标及相关工具的需求评估。开发一个电子学习档案袋时，首先应该明确其受众和需要证明的学习目标。这些目标来自于国家的、当地政府的教育政策或相关的机构和协会提出的权威性的评价量规。

(2)设计与筹划。在电子档案袋开发的第二步，应该关注电子学习档案袋的组织和设计，重点在决定适合观众的内容和展示次序上，可以通过构建流程图和写故事板来完成，这个阶段也是选择设计软件、存储方式和展示方式的时候。这一阶段要根据电子学习档案袋的内容来收集各类学习依据，决定哪一种软件最适合于教学档案的环境，并且决定哪种存储和展示媒体最适合这种环境。

(3)开发。多媒体产品开发的第三步，主要是收集多媒体素材，为了将材料有序地组织起来并使之得到最佳展示，必须选择和运用合适的多媒体制作工具。收集用于展示的多媒体材料，为了获得最佳展示效果，采用适当的多媒体制作程序把材料组织成一个序列(或者使用超链接)。

（4）实施。多媒体开发的第四步，是向开发者预期的对象展示设计的成果。

（5）评价。这是电子档案袋开发的最后一步，应该注重电子学习档案袋开发效果的评价。在电子学习档案袋的开发中，不仅根据它的目的和评估文本来评价它的效力，也要运用学习依据来做出教学决定。通过比较可以收集一些电子学习档案袋范例。评价通常以两种方式展开：过程性评价，常常在项目进行中发生；总结评价，通常是当项目完成时进行[44]。

2. 丹尼尔逊和阿布鲁提的电子档案袋开发流程

丹尼尔逊和阿布鲁提（Danielson & Abrutyn）将档案袋开发过程概括如下。

（1）收集。教师和学生学会保存在他们的日常教学中能代表其成功（或者成长时机）的作品。

（2）选择。老师和学生检查、评价他们保存的典型作品，识别那些能证明其达到了特定标准的作品。

（3）反思。老师和学生成为反思性实践者，评价自身随时间推移的成长和达标情况，反思还存在哪些缺陷和不足。

（4）规划与定向。老师和学生将其反思与标准或指标相对照，设定未来的学习目标。这是把档案袋开发变为职业发展支撑终生学习的一步。

（5）展示。老师和学生共同分享他们的档案袋。这能够激励学生的相互协作能力，有利于学生未来投入职业发展和终生学习中。

9.4　电子学习档案袋开发的需求分析

学习者制作、管理电子学习档案袋费时费力，他们盼望实用的电子学习档案袋系统出现，这构成了对电子学习档案袋系统的需求。现在国内外出现了不同辅助程度的电子学习档案袋系统，缓解了需求紧张，但"温饱"不是我们的目标，有电子学习档案袋系统并不够，学习者还希望更实用的系统出现，帮助他们解决目前系统不能解决的一些问题。

目前大部分学习者独立制作电子学习档案袋，没有可依靠的制作工具。这使电子学习档案袋制作耗费的时间比较长，容易挫伤学习者使用电子学习档案袋的积极性。

对学生进行的一项"电子学习档案袋开发"项目的调查的统计数据显示，那些受过培训的学生制作电子学习档案袋耗费的时间是非常多的。在这个项目结束后的调查中，受训者明显表现出需要帮助，希望模板的辅助，调查结果见图9-1。

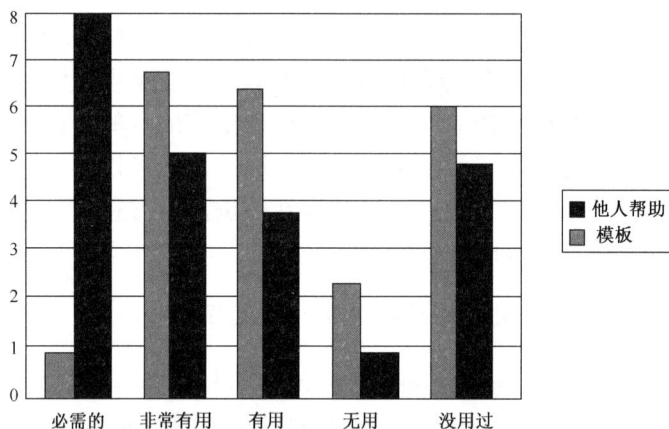

图 9-1　电子学习档案袋需求调查

　　从图 9-1 可以看出，模板和他人帮助对大多数学习者来说是很有用的，很小一部分人认为它们无用，有相当一部分人没用过模板和他人帮助，说明这些人缺乏模板，缺少他人帮助，恰恰这部分人最需要帮助。图中有个异常现象：很少人认为模板是必需的。因为这个调查的对象是参加了电子学习档案袋制作培训的学生，他们掌握一定的多媒体制作和电子学习档案袋制作的技能，在没有模板的情况依然可以制作出电子学习档案袋，这一点说明了模板对受训者制作电子学习档案袋的不必要性，但并不否认模板的有用性，只说明没有模板可以制作出电子学习档案袋。这些受训者认为他人帮助是必需的，说明他们依然不能独立制作电子学习档案袋，仍然需要帮助，在培训中受训者比较容易得到他人帮助，如果脱离培训班没有他人帮助时，他们就迫切需要模板的帮助了。所以通过上面的分析知道学习者需要帮助，而他人的帮助比较难以获取，人们期待着辅导系统(包括模板)的出现。

　　上面阐述了电子学习档案袋制作方面的需求，下面再来看电子学习档案袋管理方面的需求情况。在信息时代，电子学习档案袋的主要查看工具是计算机，电子学习档案袋的传播途径可以是移动存储设备和网络，现在电子学习档案袋大多上传到学校等机构的服务器，管理员或教师通过服务器对电子学习档案袋进行管理。

　　总体来说，电子学习档案袋服务器管理大致有两种形式：一种是在服务器上建立集体文件夹，为每个学习成员建立个人文件夹，学习者在个人文件夹中上传、编辑电子学习档案袋，管理人员拥有对所有文件夹查看和编辑的权限，这是基于FTP 的形式；另一种形式是在一些社会性软件如 QQ 上，利用群的功能，为每个学习成员分配一定空间，学习成员将自己的电子学习档案袋上传到个人空间，管理者拥有各个学习空间的查看和删除权限。

　　可以看出，在这些管理方式中，管理人员基本是手动管理电子学习档案袋，没有任何辅助系统，管理人员无法简单地将电子学习档案袋管理和学习成员管理结合起来，不能简捷地控制成员对不同电子学习档案袋的权限，管理人员也期待电子学习档案袋辅助平台的出现。显而易见，开发一款综合以上功能的电子学习档案袋系统是很有必要的。

9.5　电子学习档案袋系统的结构设计

研究电子学习档案袋多年的王佑镁认为，任何一个档案（无论是电子的还是传统的）应该包括下列元素。

(1)学习目标。

(2)材料选择的原则和量规，即从随意的成长中记录作品。

(3)教师和学生共同选择的作品范例。

(4)教师反馈与指导。

(5)学生自我反省。

(6)清晰、合适的作品评价标准：基于量规的标准(rubrics criteria)。

(7)标准和范例：好作品的范例[45]。

上述观点，作者认为还不够全面，在吸取王佑镁博士观点的基础上进行了补充，提出了自己的看法，认为电子学习档案袋的内容结构应该包括以下几部分。

(1)学习目标：学习者应该对个人的学习提出具体要求目标，或教师对学习提出具体要求，学生制订出相应的学习计划。

(2)作品范例：①标准作品范例；②师生作品范例。

(3)学生作品：展示学生学习过程中阶段性的作品以及最终完成的作品。

(4)评价量规：教师提供评价量规，学生也可在教师指导下自己设计评价量规。

(5)教师指导：教师对学生作品的指导及反馈意见。

(6)学生反思：记录学生对个人作品的反思。

(7)多元评价：自我评价、同伴评价（小组评价）、教师评价。

电子学习档案袋内容结构设计见图 9-2。

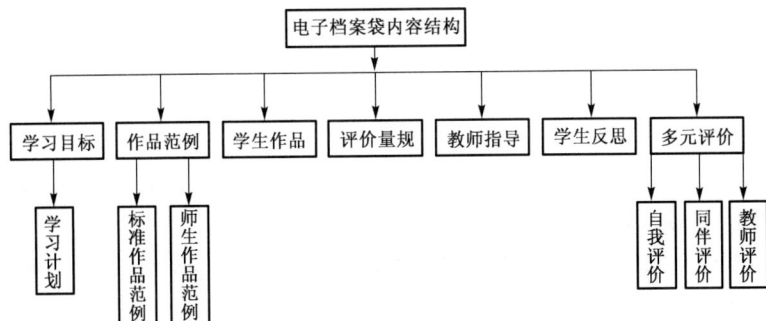

图 9-2　电子学习档案袋内容结构

　　作者根据课题研究和调查的需求分析，开发的一款电子学习档案袋平台，就包括了这样一些基本的内容结构构成元素。下面是自主开发的电子学习档案袋平台的结构功能设计。

9.5.1　注册登录系统

　　注册登录系统模块结构见图 9-3。

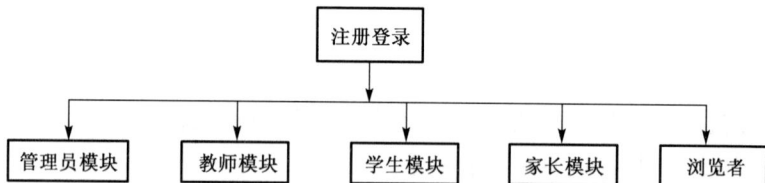

```
                          注册登录
   ┌──────────┬──────────┼──────────┬──────────┐
管理员模块   教师模块   学生模块   家长模块   浏览者
```

图 9-3　注册登录系统模块

　　管理员拥有系统最大的权限；教师模块、学生模块和家长模块需要先注册，然后才能登录；游客可以直接浏览。

9.5.2　系统功能模块

1. 管理员模块结构

　　管理员模块结构见图 9-4。

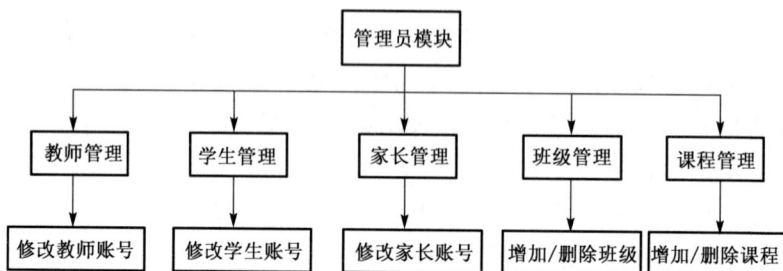

```
                          管理员模块
   ┌──────────┬──────────┬──────────┬──────────┐
教师管理   学生管理   家长管理   班级管理   课程管理
   │           │           │           │           │
修改教师账号 修改学生账号 修改家长账号 增加/删除班级 增加/删除课程
```

图 9-4　管理员模块结构

　　(1)管理员可增加/删除/修改教师、学生和家长的账号，也可增加/删除/修改班级和课程信息。

　　(2)管理员可以设置教师账号，当然，教师也可通过注册功能注册自己的账号，管理员可以修改或删除教师的注册账号。

　　管理员模块主要实现的功能：管理教师账号、管理学生账号、管理家长账号；还可以管理班级，如增加或删除班级等；也可以对课程进行管理，如增加或删除某一门课程等。

2. 教师模块结构

教师模块结构见图 9-5。

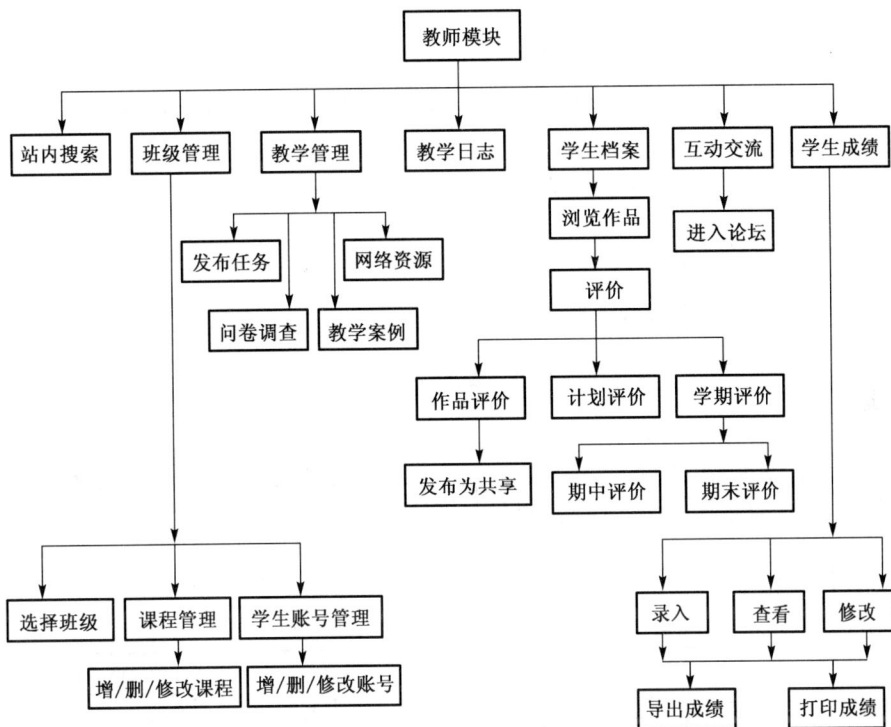

图 9-5　教师模块结构

(1) 教师只能在管理员设置好的班级中选择班级，但可以增加、删除或修改课程。教师还有权限修改学生的账号信息。

(2) "发布为共享"是将优秀的学生作品发布为共享文件，学生在"共享文件"中可以看到这些文件，并可以下载。

(3) "计划评价"是对学生的"学习计划"、"学习反思"的评价。

教师模块主要实现以下功能。

(1) 班级管理。教师可以选择授课班级，管理课程并对学生的账号进行管理。

(2) 教学管理。可以对学生发布任务，如布置作业等；可以发布教学案例；可以将搜集到的相关网络资源发布为共享，供学生下载或学习；根据需要，可以向学生发布问卷，进行相关学习问题的调查。

(3) 教学日志。教师将教学中的体会和反思记录到这里，学生可以浏览、评价并和教师进行互动交流。

(4)学生档案。教师可以进入学生的电子档案，对其发布的作品进行浏览，标记为优秀的作品可以由系统自动添加到"学生共享"页面中，所有学生都可以在自己的电子档案袋的页面中浏览这种共享文件。教师在浏览学生电子作品或学习计划时，都可以进行多元的评价。

(5)互动交流。教师可以随时进入论坛，和学生展开互动交流。

(6)学生成绩。教师可以给每个学生录入成绩，并有查看和修改的权限，还能导出成绩并打印成绩。

(7)站内搜索。教师可以按关键字搜索站内的相关资源。

3. 学生模块结构

学生模块结构见图9-6。

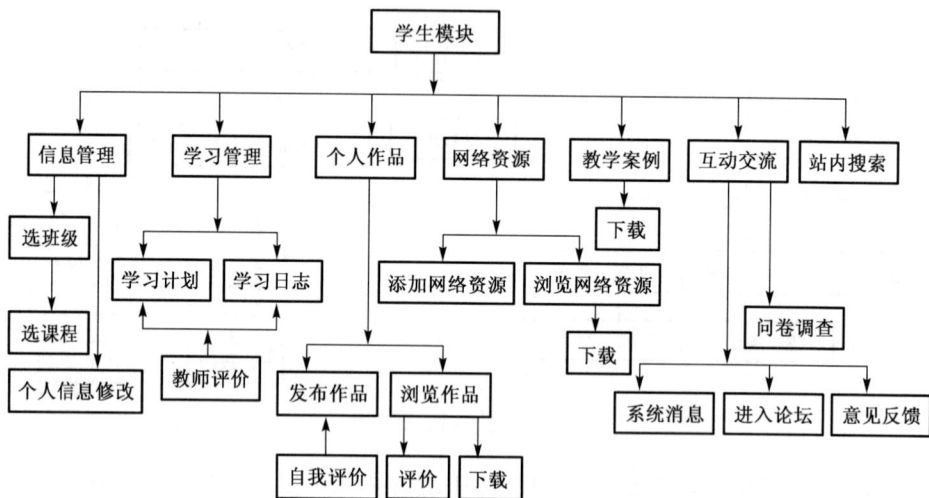

图 9-6　学生模块结构

所有的"评价"均有三种选项：评语、评分和量规评价(默认是"评语"评价)。

(1)评语：用文字评论的方式对作品给予评价。

(2)评分：对学生的作品给出具体的分数。

(3)量规评价：用系统给出的评价量规，用等第制进行评价(即给出 A、B、C、D)。

学生模块主要实现以下功能。

(1)信息管理。学生登录后，可以选择自己所在的班级，进而选择老师指定的课程，也可对个人的注册信息进行修改。

(2)学习管理。在这个模块里，学生可以根据教师的要求制订个人的"学习计划"，也可将个人学习中的体会与反思写入"学习日志"中，教师可以浏览并给予评价。

（3）个人作品。这是最重要的一个模块，学生可以发布作品并浏览其他学生的作品，对个人和其他学生的作品都可以进行多元评价，对感兴趣的作品可以下载。

（4）网络资源。学生可以浏览教师发布共享的"网络资源"并下载，学生在网上发现的好的网络资源也可以在这里添加到"网络资源"里。教师有权限对学生添加的网络资料进行编辑或删除。

（5）教学案例。教师提供的教学案例，学生可以下载。

（6）互动交流。学生可以随时进入论坛，和教师以及其他同学就某个问题展开讨论、交流；系统的消息在这里可以显示给所有学生；学生有什么意见和建议可以直接和老师联系；教师设计的问卷调查表可以在这里显示出来并由学生填写及提交。

（7）站内搜索。学生可以按关键字搜索站内的相关资源。

4. 家长模块结构

家长模块结构见图 9-7。

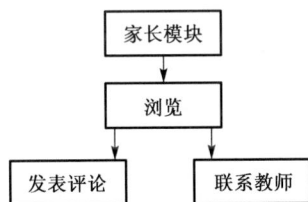

图 9-7 家长模块结构

家长模块功能相对简单，家长注册时和自己的孩子进行绑定，用注册账号登录后后可直接浏览学生的学习内容，关注学生的互动交流活动，自己的孩子的活动始终在自己的页面上显示。家长同时也会对学生、教师的电子作品、教学日志等发表评论，也可直接给授课教师发信息（联系教师），发表对教学的意见和建议。

第 10 章　电子档案袋评价的实施

10.1　电子档案袋评价遵循的原则

1. 目的性原则

目的性原则又称方向性原则，其主要内容是指开展教育评价必须首先明确评价目的，使教育评价充分发挥其导向功能。评价作为信息技术教学的有机组成部分，具有反馈、调节、改进教育质量的作用，如何建立适应新课程改革发展需要、促进学生发展、教师成长和学校教育质量提高的教育评价体系，已成为新课程改革的一项重要任务。教学评价要有计划、有目的地进行，这就要求教师在利用电子档案袋时要引起足够的重视。

2. 主体性原则

提倡自我评价是突出学习者主体地位的典型表现。学习者的自我评价与自我反省、自我监控、自我促进有密切联系。在自我评价过程中，学习者收集能体现自己学习水平的作品、资料，对其进行判断和反思，并寻找提高和改进的途径。所以，自评是促进学习者反思能力发展的最佳途径，有助于学习者增强其内省的自觉性，改变原来消极被动的评价地位，成为评价的主体。

3. 过程性原则

评价的重心是教学过程。由于评价是与教学过程并行的一种持续的、动态的过程，评价应贯穿于教学工作的每一个环节中，不仅要重视教学结果的评价，更应重视它的过程性评价。注重过程体现在关注评价对象各个侧面的发展变化，即在一个时间段对评价对象若干领域的表现进行不断的比较，借此判断评价对象在该领域的成长和进步，尚存在的优势和不足，明确进一步发展方向。

4. 发展性原则

评价是为人们学习及人的终身发展服务的。评价应为教师发展提供强有力的信息，更好地让评价对象认识自己、发展自己和完善自己。评价应体现"以人的发展为本"的思想，体现对个体发展需要的尊重，关注和承认评价对象的差异性，以促进评价对象更好地发展。

5. 多元化原则

信息化时代的评价以学生的全面发展为本，强调评价者不仅是教师，评价对象也可以作为评价者主动参与评价过程，使评价主体多元化。评价者与评价对象、教师与学生在评价过程中形成了一种民主、平等的"交互主体"关系，进行双向性、互动性的评价。评价的方式是多元的，不仅有自我评价、小组评价或同伴评价、教师评价，而且评价贯穿于学习的整个过程，可以是过程性评价，也可以是终结性评价等。因此在具体的评价活动中，教师应在充分发挥评价主体作用的同时，积极引导学生主动参与、全员参与、全程参与评价，使学生成为教育教学活动的主人。

6. 自主反馈性原则

在电子学习档案袋评价中，我们要充分发挥学生的主体地位，学生不但可以开展自我评价，还可以去评价别人，这有助于学生增强自我管理的能力。重视学生自主参与、自主反馈，尤其是学生的自我评价和反省，是当前评价改革的主要方向之一，也是电子学习档案袋的一个重要特点与要求。通过收集自己的成长资料，使学生能够正确认识自己、赏识自我。在使用电子学习档案袋的过程中，教师要鼓励和引导学生，依据标准和要求评价自己的作品，反思自己的学习过程，从而发现自己的优势和不足，形成追求进步的愿望和信心，明确改进的目标和途径，在学习与发展中不断进取。这不仅是构建双向的着眼于学生发展的评价体系的需要，也是培养学生主动学习的态度和对学习负责的精神，让其学会学习的重要举措。要使学生切实从自我评价和反省中受益，教师就不能只是简单地提出要求，还要提供必要的指导。

7. 全面性原则

全面性原则要以促进学生全面发展为目的，以提高学生的信息综合处理能力和创新能力为宗旨，通过全方位、多维度的评价，引导教学按照全面发展的培养目标优质高效地运行。要从知识与能力、过程与方法、情感态度与价值观等几方面进行评价，以全面考查学生的信息素养。尝试从学生个体生命的成长与发展的视角，全面确定评价内容和设计评价指标。

8. 个体性原则

心理学和社会学的研究表明，每个学生都具有不同于他人的先天素质和生活环境，都有自己的爱好、长处和不足。因而，基于电子学习档案袋的过程性评价既要保证标准的统一性，又要因人而异，分层分类，关注学生之间的差异性和发展的不同需求，促进其在原有水平上提高和发展的独特性，以适应人才发展多样化的要求。

9. 激励性原则

教师在评价中，应尽量多采用创设具体生动的情境和鼓励表扬等积极的评价方式，肯定学生的学习进步，让每个学生都能体会到成功的喜悦，尤其是让基础比较差的学生也能从中分享到成功带来的快乐[46]。

10.2　电子档案袋评价的实施过程

电子档案袋评价的实施过程可以分为学习前期、学习中期和学习后期三个大的阶段。

学习前期主要是学生了解学习任务并在教师的指导下掌握学习策略，制订学习计划。

学习中期主要是开展过程性评价的过程，这也是个多元评价的过程，包括学生对自己完成的作品的自评，同伴或小组之间的互评，还有教师的评价等。

学习后期主要是反思的过程，学生反思自己学习中的得失，对自己的学习效果进行评价，总结学习的收获，教师这个阶段要对学生的反思过程进行指导，以激励性的评语激发学生的学习动机[47]（图 10-1）。

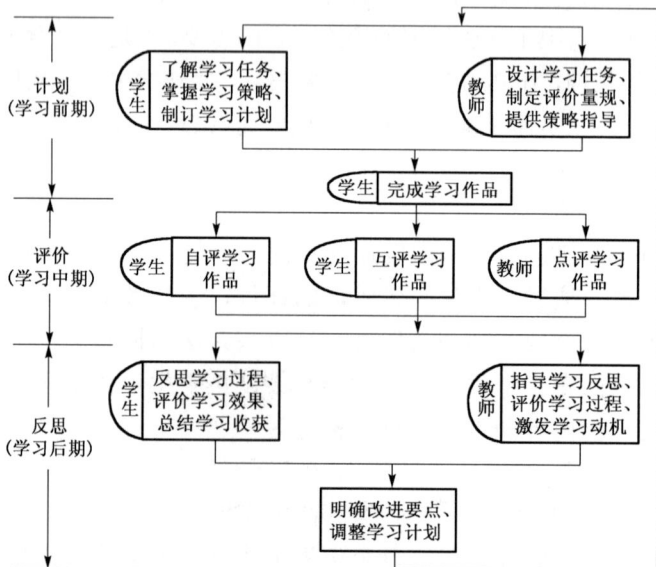

图 10-1　电子档案袋评价实施的三个过程

第 11 章　电子档案袋评价促进民族院校学生有效学习的分析

11.1　有效学习概述

11.1.1　有效学习的定义

所谓有效学习，是指在网络学习中，学生在学习活动中能够积极有效地运用各种学习资源和学习策略主动地学习，以最少的时间投入取得最佳的学习效果。它包括学习过程的有效性和学习结果的有效性，一方面体现在学生学习过程中的"会学"，另一方面表现在学习结果具有较高的达成度，即"学会"[48]。

"低耗高效"是有效学习的重要指标，因为有效学习的核心是学习效益，学习最优化可以促进学生进行有效的学习。学生通过电子档案袋可以知道自己在一段时间的学习后，自身有没有进步，以此来衡量学习效益。

11.1.2　有效学习的特征

有效学习是学习者在一定的情境中，主动、有效地运用认知策略和方法重新构建经验，促进知识的结构化、整合性与有意义的联结，在提升元认知水平的同时，提高知识迁移与应用的能力。有效学习具有如下特征。

1. 主动探索

学生要达到有效学习，就应该学会自主学习，要把学习当成自己的事，去学习自己感兴趣的问题，解决自己想要解决的问题。有效学习是引导学生带着问题去探索思考的求知过程，是师生合作交往、共同发展的互动过程。

2. 经验获得

有效学习应该建立在学生已有经验的基础上，而经验是在当前情境中基于活动获得的体验。

3. 整体构建

有效学习是对知识结构和知识体系的整体认知，表现为从多个层次和角度来整体把握和领悟知识，系统地考察问题解决的内在要素，体会系列问题之间的相互关系和过程规律，形成程序性的知识包。

4. 学习迁移

要实现有效学习就必须不仅能解决老问题，还能解决新问题。而多元情境下的变式学习与图式建构，都有助于学习的迁移。

5. 反省认知

学生要想实现真正有效的学习，就要学会自我反思、自我规划、自我管理并灵活的运用认知策略[49]。

11.2　电子档案袋评价促进民族院校学生有效学习的过程分析

11.2.1　研究对象和学习环境

研究选取西北民族大学现代教育技术学院教育技术学专业的部分学生作为样本。

这些学生的授课时间相同，学习环境都为校园网，教师布置学习任务、考试方式都一致。在"平面设计"、"多媒体课件设计与制作"和"网页设计"等课程的教学中，学生在老师的带领下分别进行了基于电子档案袋的教学活动后，设计并实施了此次调查研究，目的是找到学生的学习效果相对传统授课方式发生的变化。

11.2.2　调查内容

选取了 2007 级教育技术学专业的 71 名学生作为调查对象，进行了问卷调查。

此问卷共设计 14 道题，这 14 道题分别从 4 个方面来分析电子档案袋是否促进了学生的有效学习。这 4 个方面包括学生对电子档案袋的了解情况，学生对电子档案袋的使用情况，学生使用电子档案袋的态度，电子档案袋对学生学习的促进作用。其中第 1 题调查学生对电子档案袋的了解情况，第 6、8、9 三道题调查学生对电子档案袋的使用情况，第 2、5 两道题调查学生使用电子档案袋的态度，第 3、4、7、10、11、12、13、14 八道题调查电子档案袋对学生学习的促进作用。

11.2.3 数据处理和分析

实发问卷 71 份，收回 70 份，无空白问卷和无效问卷，实际有效问卷 70 份。在回收的问卷中对每个问题的结果所占百分比进行处理，根据相应的数据进行了分析。

1. 学生对电子档案袋的了解情况

问卷的第 1 题，调查学生在本课程的学习之前对电子档案袋的了解情况。其中有 4.3% 的人对电子档案袋没有了解，40% 的人了解很少，51.4% 的人了解一般，4.3% 的人了解很多，如表 11-1 所示。

表 11-1 学生对电子档案袋的了解情况

选项	人数	百分比/%
没有了解	3	4.3
了解很少	28	40
了解一般	36	51.4
很了解	3	4.3

从此调查结果可以发现，在进行电子档案袋学习之前，学生大多数都对电子档案袋有一定的了解，但是都了解得不多，可见电子档案袋在教学中还没有受到重视，这在一定程度上对电子档案袋促进有效学习产生了阻碍作用。

2. 学生对电子档案袋的使用情况

问卷第 6、8、9 题分别调查了学生是否在其他方面使用过电子档案袋，最常用电子档案袋的哪项功能，哪项功能最有用这几项问题。其中有 28.6% 的学生使用过电子档案袋，71.4% 的学生没有使用过电子档案袋。15.7% 的人最常用电子档案袋的相互交流功能，37.1% 的人最常用发布作品功能，32.9% 的人最常用评价功能，41.4% 的人最常用浏览他人作品功能。14.3% 的人认为评价功能最有用，18.6% 的人认为发布作品功能最有用，38.6% 的人认为相互交流功能最有用，34.3% 的人认为浏览他人作品功能最有用。调查结果显示见表 11-2、表 11-3 和表 11-4。

表 11-2 学生对电子档案袋的使用情况

选项	人数	百分比/%
使用过	20	28.6
没有使用过	50	71.4

表 11-3　学生对电子档案袋功能的使用

选项	人数	百分比/%
相互交流	11	15.7
发布作品	26	37.1
评价功能	23	32.9
浏览他人作品	29	41.4

表 11-4　学生认为有用的电子档案袋功能

选项	人数	百分比/%
评价功能	10	14.3
发布作品	13	18.6
相互交流	27	38.6
浏览他人作品	24	34.3

从这几组数据中可以看出，除了本课程学习使用电子档案袋，大多数同学都没有在其他方面使用过电子档案袋，说明电子档案袋在大学校园中还没有普及。而在电子档案袋的各个功能中，有一半左右的同学都比较常用电子档案袋的相互交流功能和浏览他人作品的功能。也就是说相对其他功能学生更喜欢浏览他人作品并互相交流，这在促进有效学习方面是一大进步。但选"评价功能"的只占14.3%，说明学生对电子档案袋的最主要的评价功能还了解甚少，缺乏使用评价功能的主动性，但在教师的主动要求和督促下，使用评价功能的学生却占了 32.9%的比例，认为评价功能没有多大用处，但在教师的要求下用的人还不少。这就提出了一个问题，就是如何更好地设计评价功能，使学生感到有用，这是摆在电子学习档案袋开发者面前的一个问题。

同样，主动发布个人作品的功能也使用较少，但发布作品的学生比例达到了37.1%。这是一个有趣的现象，对某项功能了解并不多，但使用却比较多，说明学生的学习还缺乏主动性，需要教师的任务的驱动。

3. 学生对电子档案袋的态度

问卷第 2、5 两题分别从学生使用电子档案袋的快乐程度和对电子档案袋的兴趣来了解学生对电子档案袋的态度，其中 14.3%的学生因为使用电子档案袋进行学习而感到快乐，74.3%的学生认为一般，11.4%的学生并不感到快乐。而学生对本课程的学习兴趣有 8.5%的人是由于使用电子档案袋而产生的，38.6%的人有一部分是由于使用电子档案袋而产生的，52.9%的人不是由于使用电子档案袋而产生的。从数据中可以看出电子档案袋的使用在学生看来并没有让他们感到快乐或对本课程产生兴趣，可见学生对电子档案袋抱有的态度是消极的。也就是说，利用电子档案袋进行学习，学生并没有显著地提高其学习的快乐程度，提高其学习兴趣，这提醒我们，电子档案袋的设计要考虑在提高学生的学习兴趣上下点工夫，见表 11-5 和表 11-6。

表 11-5　学生使用电子档案袋的快乐程度

选项	人数	百分比/%
快乐	10	14.3
一般	52	74.3
不快乐	8	11.4

表 11-6　电子档案袋是否促进学生对课程的兴趣

选项	人数	百分比/%
是	6	8.5
有一部分是	27	38.6
不是	37	52.9

4. 电子档案袋评价对学生有效学习能力的促进作用

这份问卷主要调查的是电子档案袋对学生有效学习是否具有促进作用，通过数据分析得出以下结论。

(1)第 7 题电子档案袋促进了学生哪些能力的提高，有 45.7%的同学认为促进了合作学习能力的提高，12.9%的学生认为促进了设计能力的提高，32.9%的学生认为促进了鉴赏能力的提高，14.3%的学生认为促进了制作能力的提高，14.3%的学生认为自己没有提高。可见学生普遍认为电子档案袋促进了合作学习的能力和鉴赏能力，这正是电子档案袋学习提倡的学习理念。但学生明显提高缓慢的能力之一是设计能力和制作能力。见表 11-7。

表 11-7　电子档案袋对学生能力的促进作用

选项	人数	百分比/%
合作学习	32	45.7
设计能力	9	12.9
鉴赏能力	23	32.9
制作能力	10	14.3
没有提高	10	14.3

(2)第 10 题通过电子档案袋的评价功能，能否发现自己存在的问题和第 11 题在电子档案袋中发布作品后，一般得到几个回复。这两题中，有 81.4%的学生都认为能发现自己存在的问题，18.6%的学生认为不能发现。58.6%的学生都能得到 3 个以上(包括 3 个)的回复，而得到回复在 2 个以下(包括 2 个)的占 41.4%。可

见大部分学生都能够发现自己存在的问题，而且学生对电子档案袋评价功能的使用也比较频繁，也就是说电子档案袋的评价功能能够使学生从他人对自己的评价中得知自己存在的问题，发现自己的缺点，这无疑对学生更加有效的学习提供了很大的帮助，见表 11-8 和表 11-9。

表 11-8　学生使用电子档案袋评价时能否发现问题

选项	人数	百分比/%
能	57	81.4
不能	13	18.6

表 11-9　学生使用电子档案袋发布作品后得到的回复数

选项	人数	百分比/%
得到回复数 2 个以下(包括 2 个)	42	58.6
得到回复数 3 个以上(包括 3 个)	29	41.4

(3)第 12、13 题通过电子档案袋的学习，有 81.4%的学生都认为自己在今后的学习中会寻求同学或者老师的帮助，有 57.1%的学生都说老师一般都通过电子档案袋的评价功能对自己的学习进行反馈。也就是说通过电子档案袋这个平台，充分锻炼了学生的交流能力，缩短了学生和老师之间的距离，加强了学生的合作学习意识，通过电子档案袋平台进行的学习使学生学会了与人合作和交流，这为学生实践能力的提高打下了一个良好的基础。通过统计也看到，教师已经把利用电子档案袋进行评价当成了一项主要的工作及与学生交流的途径，这实际上也是教师的一种有意识的引导，学生要适应这种学习的方法的变化，见表 11-10 和表 11-11。

表 11-10　学生使用电子档案袋后会否寻求师生帮助

选项	人数	百分比/%
会	57	81.4
不会	13	18.6

表 11-11　教师对学生学习的反馈途径

选项	人数	百分比/%
谈话	4	5.7
电子档案袋评价功能	40	57.1
作业	21	30
没有反馈	7	10

(4) 第 14 题针对基于电子档案袋的学习和普通的学习两种学习方式,有 27.1% 的学生更加喜欢普通的学习方式, 而 57.2% 的学生喜欢基于电子档案袋的学习, 15.7% 的学生两者都不喜欢。有超过一半的学生喜欢基于电子档案袋的学习, 这就说明大部分的同学由于电子档案袋的原因而对学习产生了兴趣, 这是十分可喜的地方, 见表 11-12。

表 11-12　学生最喜欢的学习方式统计

选项	人数	百分比/%
普通的课堂学习	19	27.1
基于电子档案袋的学习	40	57.2
都不喜欢	11	15.7

11.2.4　成绩与问题

1. 电子档案袋学习取得的成绩

通过上面的数据统计和分析可以看到,学生通过电子档案袋平台进行的学习, 获得了以下的收获。

(1) 促进了学生合作学习能力的提高。通过学习, 学生普遍懂得了合作是学习成功的关键, 这为学生学习效率和能力的提高打下了很好的基础。

(2) 学生普遍养成了对相互学习的成果进行评价的习惯。评价的过程实际是一个自我反省的过程。也就是说, 通过学习, 学生有了自我反省的意识。

(3) 通过学习, 学生获得了基于电子档案袋学习和评价的经验。

(4) 通过合作学习和相互评价, 学生的鉴赏能力也得到了一定程度的提高。

(5) 越来越多的学生喜欢上了基于电子档案袋的学习和评价。

2. 存在的问题

通过调查, 也发现了一些问题。

1) 基于电子档案袋的学习和评价缺乏延续性

从调查的数据统计可以看到, 电子档案袋对学生的有效学习是有促进作用的, 但是数据显示, 学生除了本课程, 在其他方面几乎再没有使用过电子档案袋。可见电子档案袋在学校的整体教学和学习中还没有被重视起来, 还没有普及开来, 但是从电子档案袋对有效学习的促进作用来看, 电子档案袋在学习中的普及只是时间问题。

2) 学生对电子档案袋学习的理解还有待深入

数据显示大多数同学对电子档案袋都了解比较少，甚至有些同学还不知道电子档案袋是什么，大家都没有意识到电子档案袋带来的好处，对电子档案袋持消极态度，没有兴趣。要解决这个问题只能通过持续不断的使用和学习，加深学生的理解，也需要在学校层面开展这项工作。

3) 学生的学习还缺乏主动性，需要在教师的督促下进行

目前学生普遍的学习心态是为了完成老师的任务，缺乏主动学习的动力。在完成课堂任务以后，很少有人还主动去利用电子档案袋进行深入的学习，这与网络大环境有关，面对网络，诱惑太多，很少有人还能够继续进行基于电子档案袋的学习。

4) 学生在学习中缺乏动手创造能力

在电子档案袋的功能方面，学生都比较喜欢去浏览他人作品，评价他人作品，主动发布作品的人就比较少，通过学习和使用电子档案袋平台，合作学习能力得到了提高，但提高不明显的能力是设计能力和制作能力。显然，创造力的培养绝非一日之功，需要整个教育体制的改革和评价体系的根本改变，而目前还不具备这样的条件。

3. 解决问题的策略

1) 在学校加大实施电子档案袋学习和评价的力度

电子档案袋评价目前在国内属于一个比较新的研究领域，但电子档案袋在学习中起着不能忽视的作用，今后基于电子档案袋的学习与评价将逐渐发展起来，这就需要人们的共同努力。从目前的情况看，很有必要开发一款电子学习档案袋系统，并加大电子档案袋学习与评价的宣传力度，让师生共同注重电子档案袋的应用。

2) 正确理解电子档案袋与有效学习的关系

作为一种新兴的学习工具和平台，电子档案袋评价在自主学习、研究性学习、合作学习等方面有着巨大的应用潜力，体现了独特的价值。但人们还没有意识到电子档案袋评价对学生的有效学习的促进作用。因此，学校应该多做这方面的研究，正确理解电子档案袋对有效学习的促进作用。

3) 以电子档案袋平台为依托，加强学生协作学习，促进创造能力的培养

心理学研究发现，如果教师对学生有积极的态度或者高期望，在平时的教学活动中经常进行鼓励，学生就能尽情地表现自己，树立起学习的信心，从而最大限度地展示自己的潜力，用内心的体验与行为参与到学习中。促使学生在积极、愉快的情感支配下，主动内化新知，培养学生的创新能力。

第 12 章　多民族班级的咨询网络关系分析

12.1　社会网络与社会网络分析

1954 年，人类学家巴恩斯(Barnes)尝试将"社会网络"的概念用于研究挪威某渔村的社会结构，这被众多学者视为社会网络分析方法的起源。自此，社会网络分析方法就逐渐发展成为社会学领域研究社会结构的重要方法之一。

社会网络分析(social network analysis)是对以关系为基本统计单位的各种社会结构及其属性加以量化分析的一种方法和技术，是社会网络理论的一种工具。它通过对社会行动者及其之间的错综复杂的关系和联结进行测量，经过量化的数据分析后，研究者能够"透视"行动者之间的社会网络信息，了解行动者的社会网络特征[50]。与传统的分析方法相比，社会网络分析法能够将原始的数据以更具体、更清晰的可视化方式呈现出来，给人以更直观的感性认识。

12.2　研究对象与研究方法

选取西北民族大学现代教育技术学院的 2009 级的一个少数民族占主体的班级进行个案研究。该班级无论是从学习氛围方面的表现还是课外活动气氛来看都具有很强的代表性，该班级共有学生 29 名，全班有包括汉族在内的 11 个民族。其他少数民族有回族、藏族、蒙古族、壮族、土家族、苗族、侗族、瑶族、土族、彝族。少数民族学生占班级总人数的比例达到 93%。为便于统计和研究，用数字 1、2、3、…、29 来对学号按升序排列的样本班级成员进行编号。

美国组织行为学者魁克哈特将组织社会网络分为四种：咨询网络、情报网络、信任网络和情感网络[51]。

以魁克哈特的组织社会网络分类为指导，我们主要研究班级组成的社会网络成员之间的咨询关系。为此，设计了问卷，问卷除了个人的基本信息，主要设计了一道问卷题目，即如果专业学习方面遇到困难，你会向班级中的哪些同学寻求帮助？在问题的下方，列出了样本班级的所有成员的名字，被试根据自己的实际情况勾选相应的人，以帮助笔者获得样本班级的关系网络信息的原始资料。

12.3　数据统计与分析

社会网络的形式化表达方式有两种：社群图法和矩阵图法。当所研究的关系网络中节点的数目比较少时，研究者一般会采用社群图的表达方式。社群图能清晰地、直观地将网络节点关系呈现出来，网络结构特征也一目了然。当网络中的节点数目比较多时，节点间的关系即连线会较多地重叠在一起，社群图就会变得相当复杂，而难以直观地分析关系结构。这时，就需采用矩阵图的方法[52]。

12.3.1　咨询网络关系社群图

咨询网络是多民族班级成员之间专业知识交流传播的重要关系网络，直接彰显着样本班级学习氛围情况，这种关系正是本书的焦点。在书中，我们将样本班级的学习者视为节点，某一位学习者曾就专业知识咨询过另一位学习者，则视为这两个节点间有关系。根据对问卷所获得的相关数据进行统计，制成咨询关系矩阵图，有咨询关系，数值为 1，无咨询关系，则数值为 0，将数据导入 Ucinet 软件制作出咨询网络关系社群图，如图 12-1 所示。

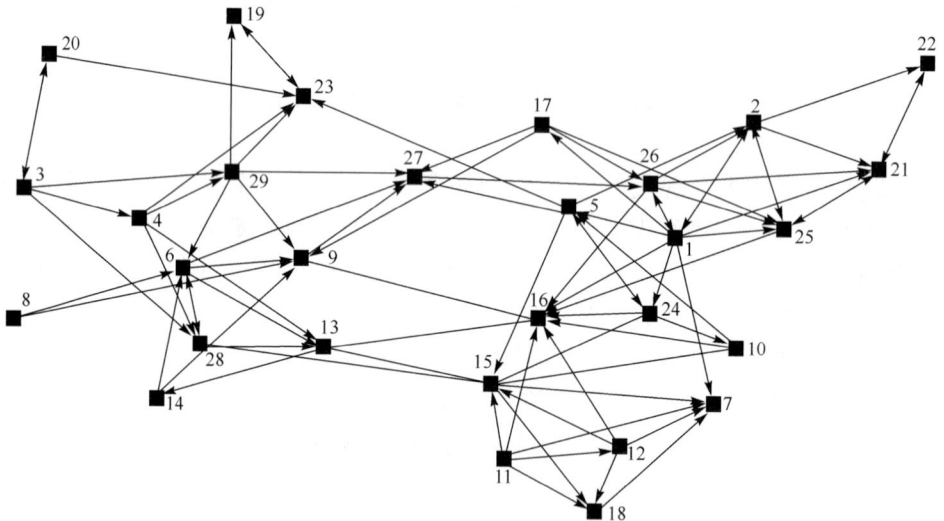

图 12-1　多民族班级中咨询关系社群图

在图 12-1 中，用点表示样本班级成员，成员之间的链接关系用带箭头的有向直线表示，箭头的起点表示咨询关系的发起者，所指的方向为咨询关系的接收者。从图 12-1 可以看出，节点如 1、9、15、16、26、28 处于相对稠密的区域，说明样本班级的这一部分成员与其他成员互动频繁，受到的关注较多，对多民族班级的知识建构及共享的贡献很大，在班级中的威信较高，处于班级的核心地位。如果样本班级中缺少了这一部分成员，信息通路将会受到极大阻碍，咨询关系网络结构就会显得松散。网络节点如 8、19、20、22 处于相对稀疏的区域，说明样本班级的这一部分成员与其他成员的互动较少，极少甚至不受其他成员的关注，也极少关注其他成员，对知识的咨询和信息的传递、共享的作用很小，处于班级的边缘地带。

12.3.2　网络密度

网络密度(density)是用来测量社会网络中行动者之间的联结程度，密度值介于 0 和 1 之间。一个固定规模的关系网络中的节点之间的连线越多，其网络的密度就越大，其值就越趋向于 1。一般来说，一个联系紧密的整体网络的成员之间的互动较易发生，信息流通也较容易。相反，一个松散的稀疏的整体网络则较易出现互动少、信息不通等问题。

网络密度反映了多民族班级的成员参与知识建构及共享的积极程度。利用 Ucinet 软件对咨询网络进行密度计算，得出该网络的密度为 0.1293。参考其他社会网络的密度值，我们认为，这是一个比较稀疏的网络。我们可以认为样本班级成员间的学习方面的联系相当有限。显然，这是不利于样本班级内部知识相互咨询、传递和共享的。

12.3.3　程度中心性

1) 点入度和点出度

一个点的程度中心性反映着该点在社会网络中连接的情况。在有向网络中，点的程度中心性分为内向程度中心性，即点入度(InDegree)；外向程度中心性，即点出度(OutDegree)[53]。在本书中，一个点的点入度代表的是样本班级中向该成员寻求过学习方面的帮助的其他成员的总数；点出度代表的是样本班级中该成员所咨询过的其他成员的总数。通过计算得出班级咨询网络程度中心性，见表 12-1。

表 12-1　班级咨询网络程度中心性

		点出度	点入度	标准化点出度	标准化点入度
1	1	9.000	2.000	31.034	6.897
26	26	7.000	5.000	24.138	17.241
2	2	6.000	6.000	20.690	20.690
12	12	5.000	1.000	17.241	3.448

续表

		点出度	点入度	标准化点出度	标准化点入度
4	4	5.000	1.000	17.241	3.448
25	25	5.000	6.000	17.241	20.690
29	29	5.000	2.000	17.241	6.897
11	11	5.000	1.000	17.241	3.448
10	10	4.000	1.000	13.793	3.448
3	3	4.000	2.000	13.793	6.897
5	5	4.000	3.000	13.793	10.345
6	6	4.000	6.000	13.793	20.690
17	17	4.000	3.000	13.793	10.345
9	9	4.000	7.000	13.793	24.138
15	15	4.000	5.000	13.793	17.241
24	24	4.000	3.000	13.793	10.345
21	21	3.000	5.000	10.345	17.241
13	13	3.000	5.000	10.345	17.241
16	16	3.000	7.000	10.345	24.138
14	14	2.000	2.000	6.897	6.897
20	20	2.000	2.000	6.897	6.897
8	8	2.000	1.000	6.897	3.448
23	23	2.000	5.000	6.897	17.241
28	28	2.000	5.000	6.897	17.241
22	22	2.000	2.000	6.897	6.897
27	27	2.000	6.000	6.897	20.690
18	18	1.000	4.000	3.448	13.793
7	7	1.000	5.000	3.448	17.241
19	19	1.000	2.000	3.448	6.897

　　点入度反映了行动者在团体中被其他行动者认可和受欢迎的程度。点入度高的某一特定成员往往会处于咨询网络的核心地带，其他行动者更愿意与该特定成员建立咨询关系，是受大家欢迎的对象。在表 12-1 中，9、16 都具有较高的点入度(值都是 7)，2、25、6、27 也具有相对较高的点入度(值都为 6)，表明他们在咨询网络中具有相对较高的认可度。经过调查，这些成员，学习热情很高，学习动机很强，学习成绩都不错，有能力帮助他人解决学业问题，因此，其他成员大多倾向于求助他们。对于 29 个节点的社会网络而言，理想的内向程度中心性值应为 28，显然，9、16 的点入度值还是非常不理想的，从这差值可以看出，样本班级的成员间的学习方面的互动很少。

点出度反映了某一行动者积极主动与其他行动者建立关系的程度。在表 12-1 中，1、26、2 具有较高的点出度，表明他们能积极主动地与其他行动者进行交流，对构建班级良好的学习氛围的作用不可忽视。而 12、4、25、29、11 也具有相对较高的点出度(值均为 5)。在班级网络咨询活动中，相对而言还算活跃。而行动者 7、18、19 的点出度是 1，表明他们不愿意关注其他行动者，也不会主动与其他行动者进行互动。

2) 点连接度

点连接度是描述一点与其他多少点有直接关系的数量指标。当连接线有方向时，某点的点连接度是该点的点入度和点出度之和。点连接度值越高，该行动者在团体中的影响就越大，越倾向于处于网络的核心位置[54]。在样本班级中，成员 2、26 的点连接度最高，为 12。其次为 1、9、25，也具有相对较高的点连接度，均为 11。我们可以认为这 5 位行动者在样本班级咨询关系网络中是活跃的，是样本班级咨询网络中的核心成员，称为"意见领袖"。这 5 位成员的民族分别为藏族、回族、回族、土家族、回族。同时，我们发现，在样本班级中所占比例(7%)最大的汉族同学没有能够影响其他成员的"权力"，在这个少数民族为主的班级里，汉族也只是普通的一员。样本班级理想的点连接度值应为 56，相比较来看，意见领袖的点连接度值与理想的点连接度值相差很远，因此可以判断这些意见领袖的关联程度只是相对意义上的高，其在班级中的影响力或"权力"是非常有限的。通过表 12-1 可以发现，这 5 位行动者的点连接度具体情况也不相同。如具有相同点连接度的 1、9、25，行动者 1 的点入度和点出度的差距尤为明显，他的点出度是样本班级中最高的，达到 9，而点入度却只有 2，说明该行动者关注别的行动者的程度远高于被关注的程度。样本班级中有两位点连接度最低的成员 8、19，其值均为 3，表明这两位成员在社会网络中的关系连接很少，是网络中的不活跃者，处于咨询网络的边缘位置。

12.3.4　中介性

中介性(Betweenness)概念是弗里曼(Freeman)教授提出来的。弗里曼指出，中介性是行动者在网络中的"中介"作用大小的衡量指标。中介性指数越高，表明该行动者处于网络中多对行动者进行关系连接的路径"中间"的程度越大，可以认为此行动者起到重要的"中介"作用[55]。一般来说，"中介"作用大的行动者，其对网络中资源的控制能力很强，因而在网络中居于重要地位。利用 Ucinet 软件得到咨询网络各节点的中介性值，如表 12-2 所示。

表 12-2　咨询网络各节点的中介性

		中介性	标准化中介性
26	26	252.291	33.372
27	27	224.812	29.737
2	2	186.846	24.715
5	5	151.879	20.090
23	23	135.000	17.857
20	20	113.333	14.991
3	3	112.500	14.881
6	6	96.167	12.720
1	1	91.708	12.131
29	29	90.500	11.971
16	16	79.928	10.573
9	9	73.240	9.688
25	25	71.872	9.507
24	24	40.333	5.335
13	13	32.120	4.249
15	15	25.379	3.357
7	7	18.833	2.491
28	28	17.473	2.311
21	21	12.488	1.652
17	17	8.964	1.186
4	4	3.667	0.485
14	14	1.667	0.220
19	19	0.000	0.000
18	18	0.000	0.000
8	8	0.000	0.000
12	12	0.000	0.000
10	10	0.000	0.000
11	11	0.000	0.000
22	22	0.000	0.000

　　研究发现，成员 26、27、2、5 是咨询网络中相对来说标准化中介性指数高的 4 个行动者，表明他们在很大程度上控制着信息的传播，是样本班级信息流通的重要成员。成员 19、18、8、12、10、11、22 等的标准化中介性指数都为 0，说明他们无法控制任何信息的传播，相对其他班级成员来说，居于咨询网络最边缘的位置。

信息的传播被几个行动者控制，显然这是不利于信息的交互的，很容易造成信息传播途径被垄断的局面。利用中间中心势指数可用来判断样本班级内部信息流通是否被个别行动者垄断。中间中心势指数越大，信息流通途径被垄断的可能性就越大。利用 Ucinet 软件计算得到咨询网络的中间中心势指数为 0.2587（表 12-3），这个值是比较小的，说明咨询网络被个别人垄断的可能性几乎不存在。

12.3.5　平均距离

咨询网络中成员之间的距离，是成员之间在图论或者矩阵意义上的最短途径的长度。平均距离（average distance）则是所有这些"最短途径"的平均值，它是从两点的距离上来对社会网络进行探究的。利用 Ucinet 软件求得样本班级咨询网络的平均距离以及建立在"距离"基础上的凝聚力指数，见表 12-3。凝聚力指数越大，表明关系网络越具有凝聚力。

可以看出，各点之间的平均距离为 3.6，意味着如果样本班级中的某一成员向其他成员传递信息，需经过约 3.6 条关系方可办到，即大约需要经过 4 个人的传递才能到达。说明样本班级中的大部分成员之间不存在直接的咨询关系。基于"距离"计算得到的网络凝聚力指数为 0.352，这个数值是比较小的，表明样本班级的咨询网络凝聚力不强，因此，可以认为样本班级成员之间的咨询关系是松散的。

表 12-3　班级咨询网络各项测量指标

测量指标	测量结果
Density（密度）	0.1293
Average distance（平均距离）	3.600
Distance-based cohesion（凝聚力指数）	0.352
Network Centralization（点度中心势）	0.1442
Network Centralization Index（中间中心势）	0.2587

12.3.6　点度中心势

点度中心势（network centralization）关注的是网络整体的向心趋势，用来刻画网络的整体中心性。为探究样本班级咨询网络的集中程度和向心趋势，采用点度中心势这一指标。点度中心势指数越大，关系网络集中程度越高，向心性越明显。

利用 Ucinet 软件计算出样本班级的点度中心势指数为 0.1442（表 12-3），这个值是比较小的，这表明样本班级的咨询网络不存在明显的向心性，这也从另一个方面说明了样本班级成员在学习方面的咨询和交流是分散的、不集中的。

12.3.7　凝聚子群

一个群中某些具有相对较强、直接、紧密、经常的或者积极的关系的行动者所构成的子集合，在社会网络分析中称为凝聚子群或小团体(sub-group)。凝聚子群的建设能够促进知识的深层次交互，有助于形成稳定的交互模式[56]，因此，其对构建多民族班级良好稳定的学习氛围有着重要的意义。以关系的互惠性为切入点对样本班级的凝聚子群进行分析，结果见表 12-4。

表 12-4　凝聚子群分析

凝聚子群序号	凝聚子群成员
1	2、21、22
2	2、21、25
3	1、2、26
4	2、25、26
5	6、13、28
6	17、25、26

从表 12-4 分析得出结论：

(1)有 29 个行动者的样本班级中有 6 个凝聚子群(小团体)。经过调查，其形成原因主要有：①在现实生活中这些成员具有较其他成员更密切的私人关系；②成员的同质性强，以同民族或同地域为特征。

(2)样本班级中因为有着学习方面稳定的互动关系而形成凝聚子群的成员有 10 名，仅占 34%，这从另一个方面说明了样本班级的整体互动情况并不理想，多数成员的互动是不稳定的、浅层次的。

(3)凝聚子群成员出现了重叠现象。成员 2 出现了 4 次，成员 25 和 26 也出现了 3 次，说明这些成员的互动频次很高，实际上他们是样本班级咨询网络的核心成员。

12.4　研究结论与建议

12.4.1　研究结论

1. 样本班级咨询网络的凝聚力不强

班级成员间的学习方面的联系相当有限，班级成员之间的咨询关系是松散的，样本班级的咨询网络不存在明显的向心性。

2. 班级咨询网络中存在"意见领袖"现象，但意见领袖影响力有限

充当意见领袖的成员是多个，但意见领袖在咨询网络中影响力有限，只是处于网络中相对意义上的有利位置。少数几人在很大程度上控制着班级内部信息的传播，是样本班级信息流通的重要成员，但影响力有限，班级咨询网络被个别人垄断的可能性几乎不存在。样本班级中所占比例最大的汉族同学没有充当意见领袖的角色，其不具有能够影响其他成员的"权力"。

3. 小团体成员以同民族或同地域为特征

样本班级中仅有占 34% 的成员因为有着学习方面稳定的互动关系而组成了 6 个小团体或者说凝聚子群。小团体的形成以同民族与同地域为其主要形成因素，同时小团体成员间具有较密切的私人关系和较强的同质性，这显然与少数民族同学喜欢"抱团"以及汉族人喜欢认"老乡"有关。

12.4.2　几点建议

1. 加强意见领袖在班级学习中的作用

意见领袖是社会网络中处于相对重要位置的节点，与其有直接联系的节点较多。同时意见领袖能够在很大程度上影响信息的扩散。因此，意见领袖应该积极利用其自身优势，有导向意识地传播信息，促进成员间的互动。我们可以有意识地培养班级互动学习中的意见领袖，促进班级学习氛围的良性发展。

2. 吸引边缘人物加入班级学习互动

边缘人物往往不参与或很少参与学业方面的交流互动，这样很难在班级中找到认同感和归属感。长久下来，其在社会网络的位置会更加不利，不会对多民族班级的知识共享和传递产生任何贡献，显然这是不利于多民族班级良好学习氛围构建的。所以，应该主动寻找这些边缘人物形成的原因，并采取相应对策。建议班级内部有针对性地开展学习帮扶活动，采用一些新型学习方式如合作学习、协作学习等，尽量使边缘人物融入班级的知识圈中。

3. 加强凝聚子群的建设

凝聚子群(小团体)建设有助于多民族班级内部形成稳定的交互模式，应该采

取多种措施鼓励边缘人物参与到班级学习互动交流中。研究发现，凝聚子群的形成主要是基于子群内部成员间的密切的私人关系和更强的同质性。显然凝聚子群对外的封闭性较强，不利于子群内部知识变成集体的知识。建议班级多开展一些小组型的学习互动活动，促进学生之间的交流，尽量不要使班级成员拘泥于个体间的交流中，促进更多的学生加入凝聚子群中。

第 13 章　电子档案袋评价过程的社会网络分析

13.1　电子档案袋评价与社会网络分析

电子档案袋作为一种学习和评价的有效工具，收藏了每个学生学习过程中各个阶段的作品、反思报告及自我评价等。电子档案袋的建立过程对于学生来说是一个收集、选择和反思的过程，也是一个实施以过程性评价为主的多元评价的过程。一个班级内所有学生建立的电子档案袋，通过学生间的相互评价形成的网络社区，使电子档案袋评价的整个过程具有明显的社会性。我们可以通过使用社会网络分析的方法建立班级社会网络的详细描述，展现电子档案袋学习与评价过程中学生间的交互状态和网络结构，从中可以掌握学生通过电子档案袋进行学习、评价以及发展的总体情况，对进一步的工作可以提出一些有益的建议。

西北民族大学现代教育技术学院 07 级教育技术学专业的学生，在学习《平面设计》、《多媒体课件设计与制作》和《网页设计》等课程的时候采用了电子档案袋平台开展教学和评价活动，历时一学期。我们以 07 级现代教育技术学某班的 37 名学生为对象，以课程《平面设计》为例，对其一学期运用电子档案袋平台进行学习、评价的活动数据作为依据，运用社会网络分析的方法对其进行定量的分析，从网络密度、程度中心性、点连接度和中介性等几个角度进行了数据的分析。社会网络信息分析采用的软件是 Ucinet 6.232 版本。

13.2　数　据　统　计

在社会网络分析中，通常有两种方法可以描述社会网络：矩阵图法和社群图法。以学习小组为单位的社会网络信息，我们可以通过小组成员之间的联系及相互评论统计出相应数据，采用如下模式进行数据的统计，见表 13-1。

表 13-1　数据统计模式

	A	B
A	AA=0	BA=n
B	AB=n	BB=0

A、B 分别表示两个同学，BA=n 表示 B 同学对 A 同学的作品或者所发的帖子做过 n 次评论或者说评价，自己对自己的作品的评论均不计在其中，即 AA=0；AB=n 则表示 A 同学对 B 同学的作品或者所发的帖子做过 n 次评论即评价。在统计过程中，为了便于统计和观察，采用学生学号的后三位数字代替同学的名称。并制作成关系矩阵。对班级同学之间的发帖或评价数据统计，得到如表 13-2 所示的关系矩阵统计数据表。

表 13-2　班级成员间关系矩阵数据统计

	053	054	055	056	057	058	059	060	061	062	063	064	066	067	068	069	072	073	074	075	076	077	078	079	080	081	082	083	085	087	089	090	091	092	093	094	096
053		1		1	2			1	1		1	1		2	2			2		2						1						1	1				
054	1		1		2		1	1	1					2	2		2	2	2	2	1				1	1	1			1		1	1				
055		1			1							1	1	2	1	1		1	2	1	1				1		1					1	1				
056	1	1			1	3		1		2	1			2	1	2	1	2	1						2	2	2						1				
057	1							1						4	2	1	1	2	1	2					2					1							
058	1	1		3	3			1										1																			
059								1		1				1	1		1	1																			
060	2	1			2		1		1		1	1		2	2	1	2	2	2	2			1		1	2	1				1	1	2				
061		1	2		1			1			1			2	1		1	1	2	2						1					1	1	3				
062	2	1	2		5			1					3	3	5		4	4	2	2											1	3	3	2			
063								1						1	1		1	1				1					1		1			1	1				
064	1		1		2			1	1	1	1			2	2	1	2	2	1	1	2					1	1				1	1	1	1			
066	1		1		2													2			2							1					1				
067		1		1	2		1						1		1		1	2	2	2					2		2					1	2				
068					1									2	1	1	1	2	2	2	1				1						1	1	2				
069			1		1	1								2		1	1	2	2	2	1										1	1	1				
072		2			1			1			1			2	1	1		1	1	1	2			1		1	1		1				1				
073		1			1									1	1	1	1		1	1		1			1					1			1				
074		1						1				1		2	2	1	2	2		1						1						1	1				
075	1				2			1			1	1		2	1		1	1	1		1				1				1			1	1				
076																				1		1								1			1				
077					1									1	1		1								1	1	1					1	1				
078																																					
079					1									1	1		1	1	2	2													1				
080							1																			1	2		1			1	1				
081		1	1		2			1	1		1		1	2	2		2	2	2	2	1						1	1	1		1	1	1	1			
082					2			2		2				2	2		2	2	2	2					1	2			1			2	1	2			
083								1										1												1							
085	1	1			1			1			1	1		1	1	1	1	1	1	2	1					1	1			1		1	1	1			
087			1		1		1	1						1	1	1	1	1	1	1													1				
089																																					
090	1	1	1		1			1	1		1	1	1	2	2		2	2		2		1			1	1	1		1				1	1			
091	1	1	1		1	2		2	2	2				2	2	1	1	2	2	1							2		1			1		1			
092														1			1	1	1			1					2		1			1					
093					1									1	1			1	1																		
094														1			1	2	1															1			
096				1				1																													

将表 13-2 中所有非零的数简化为 1，并规定节点对自己的联系为 0，在 Ucinet 软件中输入数据，获得二值有向的社群图，如图 13-1 所示。

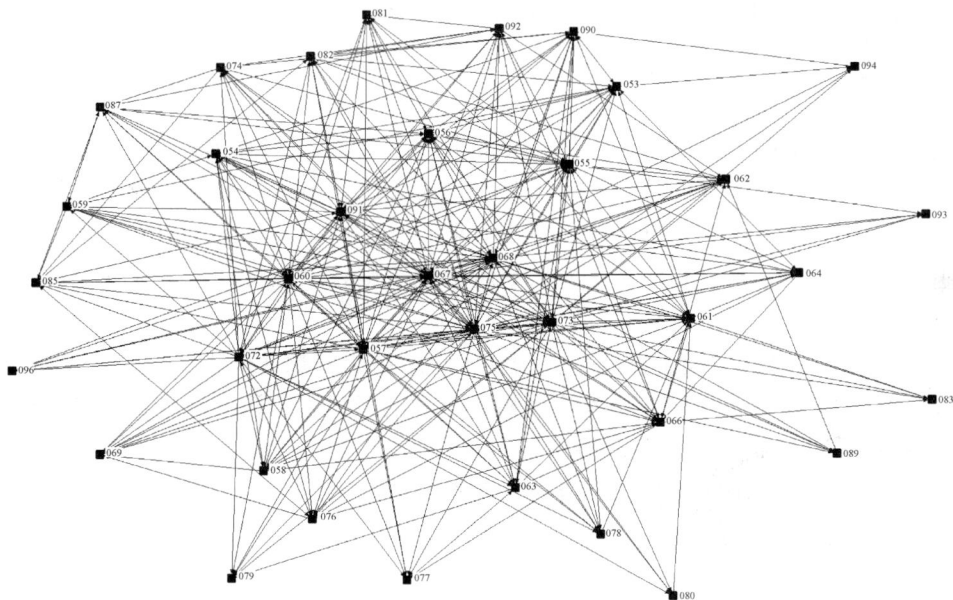

图 13-1　关系矩阵对应的社群图

图中箭头的起点是帖子的发布者，所指的方向是他的回复对象或者说评价的对象。将矩阵转化成社群图后，我们能非常直观地看出西北民族大学现代教育技术学院 07 级教育技术学某班的整体网络状况。我们看到同学之间拥有明显的凝聚中心，同学之间的联系还是比较多的，但也有个别同学处于边缘地带，如 069、078、079、080、083、089、093、096 这几位同学，他们回复或评价别人的帖子的数量很少。

13.3　数　据　分　析

社群图虽然可以直观表现网络结构，但是矩阵的计算更能定量地反映出网络联系的更多信息，下面对矩阵的几个相关概念进行讨论。

13.3.1　距离和可达度

连接两点的最短途径的长度即距离。如果两点间不存在途径，则距离无限。与距离相对的一个概念就是可达度，只有存在途径时，才有可达度的值[57]。

由图 13-1 观察可以发现不少节点之间不存在数值，如 083、079、096、093、069、080、089、078 等一些处于边缘的同学。他们之间均不可达，由此可以发现在社群图中看起来联系在一起的节点，实际上他们的联系还是非常脆弱的。

13.3.2　网络密度

密度表示的是网络成员间联系的紧密程度，成员之间联系越多，网络的密度就越大。一般来说，关系紧密的团体合作行为会比较多，信息流通较易，情感支持也会较好；而关系疏远的团体，则有信息不通、情感支持少、协作程度低等问题出现[58]。密度值介于 0 和 1 之间，值越接近 1 则代表彼此间的关系越紧密。密度值反映了成员参与交流的积极程度[59]。

用 Ucinet 软件对矩阵的数据进行密度计算，结果得出矩阵的密度值为 0.3026。而 0.3026 介于 0 和 1 之间，参考其他相关研究的密度值，认为这个数字是一个不小的数据，可以认为同学之间的联系还是比较紧密的，这个紧密程度与教师在学生的学习过程中对其交流或评价活动的不断督促有关。

13.3.3　程度中心性

某点的点入度是社群图中以该点为终点的有向线段的数目，点入度又称为内向程度中心性(InDegree)。某点的点出度是网络社群图中以该点为起点的有向线段的数目，点出度也称为外向程度中心性(OutDegree)。NrmInDeg 则是标准化内向程度中心性(标准化点入度)，NrmOutDeg 是标准化外向程度中心性(标准化点出度)，经过计算可得班级成员之间的程度中心性数据，如表 13-3 所示。

表 13-3　班级成员的程度中心性分析

成员	点出度	点入度	标准化点出度	标准化点入度
20 075	35.000	11.000	97.222	30.556
14 067	34.000	17.000	94.444	47.222
18 073	33.000	14.000	91.667	38.889
8 060	30.000	15.000	83.333	41.667
5 057	28.000	15.000	77.778	41.667
15 068	27.000	13.000	75.000	36.111
17 072	26.000	9.000	72.222	25.000
33 091	22.000	19.000	61.111	52.778
3 055	21.000	14.000	58.333	38.889
27 082	14.000	12.000	38.889	33.333

成员	点出度	点入度	标准化点出度	标准化点入度
32 090	13.000	13.000	36.111	36.111
9 061	13.000	16.000	36.111	44.444
12 064	9.000	9.000	25.000	25.000
6 058	9.000	9.000	25.000	25.000
21 076	9.000	8.000	25.000	22.222
2 054	8.000	13.000	22.222	36.111
1 053	8.000	15.000	22.222	41.667
11 063	8.000	10.000	22.222	27.778
26 081	7.000	10.000	19.444	27.778
13 066	6.000	14.000	16.667	38.889
7 059	6.000	8.000	16.667	22.222
19 074	6.000	10.000	16.667	27.778
34 092	6.000	11.000	16.667	30.556
4 056	5.000	19.000	13.889	52.778
30 087	5.000	10.000	13.889	27.778
29 085	4.000	12.000	11.111	33.333
10 062	4.000	14.000	11.111	38.889
36 094	2.000	4.000	5.556	11.111
22 077	2.000	8.000	5.556	22.222
25 080	1.000	4.000	2.778	11.111
31 089	1.000	5.000	2.778	13.889
23 078	1.000	8.000	2.778	22.222
24 079	0.000	7.000	0.000	19.444
16 069	0.000	10.000	0.000	27.778
35 093	0.000	5.000	0.000	13.889
28 083	0.000	5.000	0.000	13.889
37 096	0.000	7.000	0.000	19.444

　　从班级成员的程度中心性分析数据可知，点出度最高的是 075，其值为 35，他是班上最活跃的同学，067、073 和 060 的点出度也较高，分别为 34、33、30，也是班级比较活跃的人物。点入度最高的是节点 091、056，其值均为 19，他们是本班级的比较受关注的人物。而 054、053、066、062 这几位同学的点入度相对是比较高的，但他们的点出度相对比较低，他们的点入度大于他们的点出度，说明这些同学在班级也是比较受同学关注的，但是他们对于其他同学的关注程度还是不够的。

13.3.4　点连接度

点连接度是描述一点与其他多少点有直接关系的数量指标。当连接线有方向时，某点的连接度是该点的点入度和点出度之和[60]。

由表 13-3 数据可以得到本班学习群体中点连接度由高到低排列前五位的同学分别是 075、067、073、060、057，这些成员与其他社群成员相比拥有更多的连接关系，所以他们是学习群体中的意见领袖。他们对社群的贡献较大，地位也较高。他们的点出度均比较高，说明他们很关注其他成员。而成员 091、056、067、061 这几位同学的点入度在本社群中排前四，说明他们在群体中是比较受关注的对象。从表 13-3 可以分析到 067 同学的点入度和点出度都是比较高的，其点连接度值最高，达到 51。说明这位同学是本社群内最为活跃的同学，他的地位在本社群内也最高。而 056 同学的点出度很低而点入度比较高，说明他在本群体中是一个比较受群体其他成员关注的人，而对群体的其他成员的关注较少。079、069、093、083、096 这几位同学的点出度均为 0，点入度也比较低，他们的点连接度都比较低，说明他们在社群成员中的连接关系较少，属于社群中的不活跃者。但 069 是个特例，其点出度为 0，但其点入度为 10，说明该同学受到同学的一定程度的关注，但其对其他同学从不关注，总体上依然属于不活跃者。

13.3.5　中介性

中介性主要分析个人或组织在其社会网络中具有怎样的权力，或者说居于怎样的中心地位。程度中心性通常用来衡量谁在一个团体中成为最主要的中心人物[61]。而中介性表示的是行动者对资源控制的程度，表示一个点在多大程度上位于网络中其他点的"中间"。占据这样的位置越多，就越代表他具有很高的中介性[62]。

由直觉可知，如果一个行动者处于许多交往网络路径上，可以认为此人居于重要地位，因为他具有控制其他两人之间的交往的能力。费里曼说过："处于这种位置的个人可以通过控制或者曲解信息的传递而影响群体。"因此，另一个刻画行动者个体中心度的指标是中间中心度即中介性。它测量的是行动者对资源控制的程度。如果一个点处于许多其他点对的捷径(最短的途径)上，我们就说该点具有较高的中介性。在此意义上说，他起到沟通桥梁的作用[63]。

根据数据统计，运用 Ucinet 软件对中介性的分析结果如表 13-4 所示，就整个网络来说，矩阵的整个网络中介性值是 7.55%，标准化中介性(nBetweenness)在 1 以上的有 16 位成员，其中标准化中介性最高的成员 091 的值达到 9.281。

表 13-4　关系矩阵的各节点中介性值

成员	中介性	标准化中介性
33 091	116.938	9.281
14 067	107.046	8.496
5 057	87.687	6.959
9 061	87.219	6.922
18 073	71.483	5.673
8 060	67.059	5.322
3 055	48.160	3.822
20 075	43.578	3.459
15 068	39.260	3.116
10 062	38.615	3.065
32 090	37.854	3.004
17 072	23.945	1.900
27 082	23.160	1.838
1 053	21.629	1.717
13 066	17.730	1.407
4 056	14.629	1.161
11 063	10.310	0.818
21 076	6.582	0.522
2 054	6.516	0.517
34 092	4.962	0.394
29 085	4.469	0.355
30 087	4.393	0.349
19 074	4.141	0.329
26 081	3.566	0.283
7 059	3.539	0.281
12 064	2.883	0.229
6 058	2.877	0.228
22 077	0.688	0.055
23 078	0.083	0.007
25 080	0.000	0.000
31 089	0.000	0.000
28 083	0.000	0.000
24 079	0.000	0.000
16 069	0.000	0.000
35 093	0.000	0.000
36 094	0.000	0.000
37 096	0.000	0.000

中间中心势=7.55%

　　从表 13-4 中观察到，标准化中介性值大于 5 的学生有 6 位，他们是 091、067、057、061、073、060，此结果与我们前面对程度中心性的分析结果基本一致，可以说，这 6 位学生控制着整个班级学习社群网络中信息的流通，是信息传播的重要成员。我们还从表 13-4 中观察到，整个群体中有 8 位学生的中介性值为 0，他们是 080、089、083、079、069、093、094 和 096，而中介性为 0 说明他们无法控制任何信息的流通。总的来说，本社群网络内的各个同学之间的交流还是非常丰富的，但是这也反映出来了一个问题，本社群相对来说信息的流通基本上是靠大家来共同来维持的，缺少一定的凝聚力。

13.4　中介性与成绩之间的关系分析

　　最后将课程的期末学习的总评成绩统计并绘制成柱状图，如图 13-2 所示。

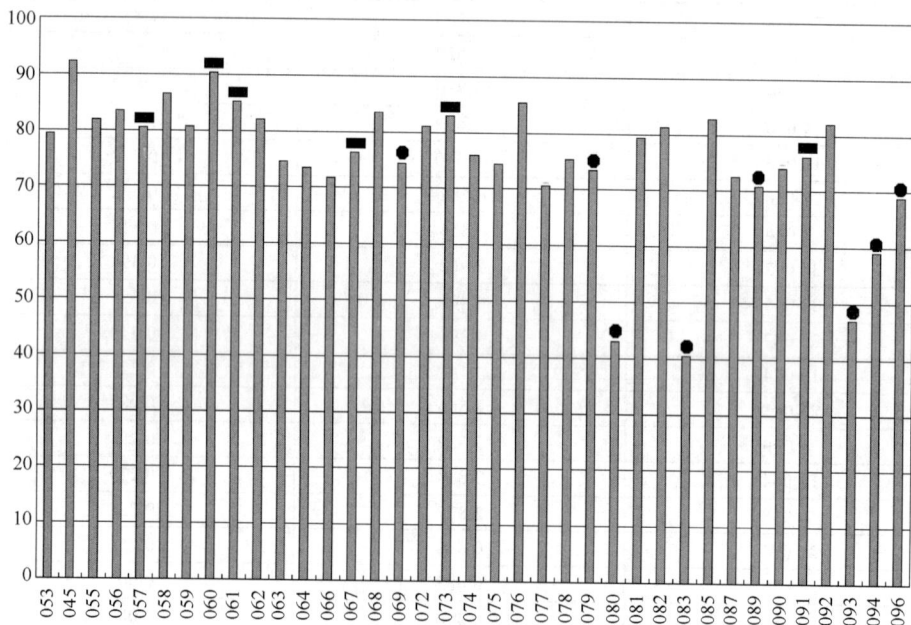

图 13-2　期末总评成绩与中介性值对比图

　　为了便于观察对比中介性值与成绩之间的关系，将在本群体内中介性值大于 5 的 6 位同学（091、067、057、061、073、060）的成绩上面都标注出一个黑色小方块，而对于中介性值为 0 的 8 位同学（080、089、083、079、069、093、094 和 096）的成绩上面用一个黑色的圆点标注出来。可以看出，总体上，6 位中介性值较高的同学的期末总评成绩，明显比中介性值为 0 的 8 位同学的要高。很明显，中介性值较高的同学的学习成绩大都集中在比较高的分数段，而中介性值较低的同学的学习成绩也相对比较低，中介性值与学习成绩之间有一定的相关性。

我们运用社会网络分析的方法，以西北民族大学现代教育技术学院教育技术学专业的一个班级为例，对学生利用电子档案袋平台学习与评价过程的数据进行了统计和分析。我们看到，班级的总体成绩比较高，而通过前面分析知道，社群网络密度值还是相对较高的，同学之间的联系也是比较紧密的。显然，这种同学之间的紧密联系与交互和总体较高的成绩之间有一定的相关性。少数同学控制着整个学习社群网络信息的流通，是信息传播的重要成员。同时我们也看到，学生课程总评成绩与其在使用电子档案袋评价学习过程中的中介性值有一定的关联。

研究结果表明，在使用电子档案袋进行评价与学习的过程中，中介性值较高的同学的最终成绩均比较高，而中介性值比较低的学生其最终的成绩也普遍偏低。从这两个极端现象，我们似乎可以得到一点启示，鼓励学生在电子档案袋平台上积极互动，相互交流，有助于学生学习成绩的提高。

第 14 章 研究成果与展望

14.1 研究取得的成果

14.1.1 研究方法上取得突破

社会网络分析法起源于 1930 年美国心理学家莫雷诺创立的社会计量法。这种方法主要用于小群体的人际关系与群体结构的研究，运用这种工具可以直观地展示群体内人际关系的亲疏，揭示组织本身的结构特征。

社会网络分析法本来是社会性领域主要运用的测量工具。近年来，国内一些学者运用社会网络分析的方法研究教育问题，尤其是研究网络虚拟学习社区、BBS论坛成员之间的关系等，取得了比较好的研究效果。刘军教授是最早将社会网络分析方法翻译、介绍并引入国内的，而在社会网络分析运用于教育领域的研究者中，首都师范大学的王陆教授是开创者和佼佼者。

在研究的过程中，作者将在国外社会学领域流行的定量研究的工具——社会网络分析的方法引入电子档案袋评价过程中，将学生的基于电子档案袋的学习和评价的过程，看做一种具有一定关系的社会网络，通过测量这种社会网络成员之间的相互关系，把成员之间的关系进行了量化，用数字或数据来说明成员之间的关系。

用社会网络的观点和角度来研究基于电子档案袋的学习和评价过程，将基于电子档案袋进行的学习和评价活动看做一种相互关联的互动过程，用社会网络分析的手段和方法来测量电子档案袋学习和评价中学生相互之间的定量关系，找出学习互动过程中存在的问题，从而为进一步的学习提出建议，这是研究方法上的一个突破，也是研究方法上的一个创新点。

14.1.2 自主开发电子学习档案袋平台

根据课题研究的需要，在借鉴已有电子档案袋平台的优点和不足的基础上，作者带领的课题组自主设计、开发了一款"西北民族大学电子学习档案袋系统"。发布到网络上，供学生学习和使用，经过一段时间的使用，学生普遍反映效果良好。

这个电子学习档案袋平台有管理员模块、教师模块、学生模块和家长模块四大部分。

(1)管理员模块，负责对整个电子档案袋平台进行管理，包括账号的管理。

(2)教师模块中，教师注册后可以自行设置课程和班级，并绑定课程和班级，对学生的学习活动进行管理，教师还可以自行设计对多媒体作品进行评价的评价量规。

(3)学生模块中，学生注册后可以选择课程和班级，在班级学习平台上发布个人电子作品，互相交流，共享资源等。

(4)家长模块，功能相对弱一点，家长可以在注册中绑定自己的孩子，在关注其他学生的学习情况的同时，时刻关注自己孩子的学习动向，其主要的功能是浏览和监督学生的学习成果，可以发表评论，也可以和教师之间沟通。电子学习档案袋首页界面见图 14-1。

图 14-1　电子学习档案袋首页界面

教师登录后的管理界面见图 14-2。

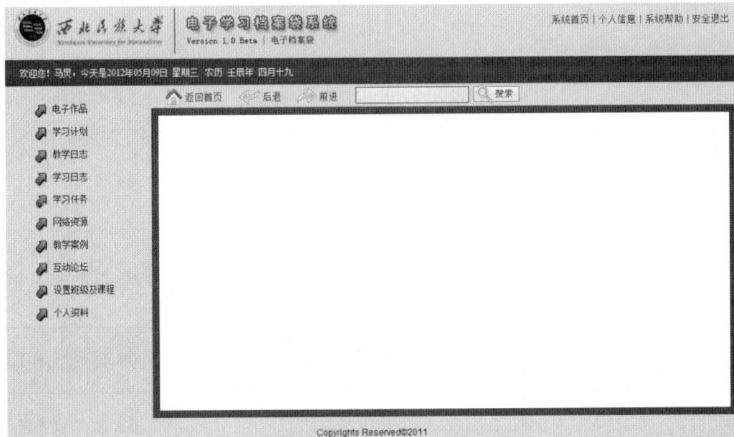

图 14-2　教师管理界面

14.1.3　学生实践能力得到有效的提高

本研究的目的是通过电子档案袋平台进行学习和评价，促进学生协作学习和合作的能力，进而促进学生实践能力的提高。经过作者三年来通过在多门课程的学习中利用电子档案袋进行学习与评价的实践，学生的实践能力普遍得到了提高。这表现在三个方面。

(1)通过学习后对学生的问卷调查分析，多数学生认为通过电子档案袋平台上进行的学习和评价，自己的有效学习能力得到了改善，并普遍认可自己的实践能力得到了提高。

(2)对学生基于电子档案袋平台进行的学习和评价活动所搜集的数据，运用社会网络分析方法进行的定量分析。通过对比数据，也看到了基于电子档案袋平台进行的学习和评价，有助于学生学习成绩的提高，而学生的成绩实际上反映的是学生完成的电子作品的设计、制作水平。因此，可以说，通过基于电子档案袋平台进行的学习和评价活动，促进了学生实践能力的提高。

(3)鼓励学生通过多种途径参加各种社会性的实践活动和竞赛。通过近几年学生的获奖比例的大幅提高，学校资助的学生科研课题立项数目也大幅度提高。也更直接地证明了通过研究和实践，学生的实践能力的确得到了大幅度的提高。

下面的列表是近年来西北民族大学现代教育技术学院本科生参加各种国内和省内专业竞赛获奖的情况，学生参与本科生科研项目立项情况，分别见表 14-1 和表 14-2。

表 14-1　西北民族大学现代教育技术学院学生获奖统计

序号	奖项名称	获奖等级	级别	作者	专业班级	日期
1	第 14 届全国多媒体教育软件大奖赛-多媒体课件组	二等奖	国家级	张奎、马丹丹	08 教育技术 1 班	2010.10
2	全国大学生文科计算机设计大赛	二等奖	国家级	张奎	08 教育技术 2 班	2010.7
3	第 5 届甘肃省大学生"创新杯"计算机应用能力竞赛-课件制作组	特等奖	省级	王兴宇、兰小芳、李闯	09 教育技术 1 班	2011.10
4	第 3 届甘肃省大学生"创新杯"计算机应用能力竞赛-平面设计组	一等奖	省级	黄俊翔	08 教育技术 1 班	2010.10
5	第 4 届全国大学生文科计算机设计大赛	决赛入围奖	国家级	白宇、王政、钟育华	09 教育技术 1 班	2010.7
6	第 5 届全国大学生文科计算机设计大赛	决赛入围奖	国家级	胡世金、苏莱曼	08 教育技术 1 班	2011.7

续表

序号	奖项名称	获奖等级	级别	作者	专业班级	日期
7	第5届全国大学生文科计算机设计大赛-校内选拔赛	特等奖	校级	白宇、王政、钟育华	09教育技术1班	2011.4
8	第5届全国大学生文科计算机设计大赛-校内选拔赛	特等奖	校级	陈晓璐、麦雄坚、王政	09教育技术1班	2011.4
9	第5届全国大学生文科计算机设计大赛-校内选拔赛	一等奖	校级	马敏军	09教育技术2班	2011.4
10	第4届甘肃省大学生"创新杯"计算机应用能力竞赛-校内选拔赛-课件制作	一等奖	校级	张奎、马丹丹	08教育技术2班	2010.6
11	第5届甘肃省大学生"创新杯"计算机应用能力竞赛-校内选拔赛-课件制作	一等奖	校级	张奎	08教育技术2班	2011.6
12	第5届甘肃省大学生"创新杯"计算机应用能力竞赛-校内选拔赛-课件制作	一等奖	校级	王兴宇、兰小芳、李闯	09教育技术1班	2011.6
13	第5届全国大学生文科计算机设计大赛-校内选拔赛	二等奖	校级	海迪	09教育技术2班	2011.4
14	第5届甘肃省大学生"创新杯"计算机应用能力竞赛-校内选拔赛-网页设计	二等奖	校级	胡世金	08教育技术1班	2011.6
15	第4届全国大学生文科计算机设计大赛-校内选拔赛	二等奖	校级	吴古祥	09教育技术2班	2010.4
16	第5届甘肃省大学生"创新杯"计算机应用能力竞赛-校内选拔赛-平面设计	三等奖	校级	白宇	09教育技术1班	2011.6
17	第5届甘肃省大学生"创新杯"计算机应用能力竞赛-校内选拔赛-课件制作	三等奖	校级	杨波	09教育技术2班	2011.6
18	第5届甘肃省大学生"创新杯"计算机应用能力竞赛-校内选拔赛-课件制作	三等奖	校级	朱君	09教育技术2班	2011.6
19	第5届甘肃省大学生"创新杯"计算机应用能力竞赛-校内选拔赛-课件制作	三等奖	校级	邱石	09教育技术2班	2011.6
20	第5届全国大学生文科计算机设计大赛-校内选拔赛	三等奖	校级	姚爽	09教育技术2班	2011.4
21	第4届全国大学生广告艺术节-校内选拔赛	三等奖	校级	白宇	09数字媒体1班	2011.7
22	第五届全国大学生广告艺术大赛甘肃分赛	一等奖	省级	褚晓旭	11数字媒体1班	2013.7
23	第五届全国大学生广告艺术大赛甘肃分赛	一等奖	省级	雷婷婷	11数字媒体2班	2013.7

续表

序号	奖项名称	获奖等级	级别	作者	专业班级	日期
24	第五届全国大学生广告艺术大赛甘肃分赛	二等奖	省级	黎明	11 数字媒体 2 班	2013.7
25	第五届全国大学生广告艺术大赛甘肃分赛	二等奖	省级	冯艳雪	11 数字媒体 1 班	2013.7
26	第五届全国大学生广告艺术大赛全国总决赛	优秀奖	全国	褚晓旭	11 数字媒体 1 班	2013.9
27	第六届全国大学生广告艺术大赛甘肃分赛	二等奖	省级	刘华松	12 数字媒体 1 班	2014.9
28	第六届全国大学生广告艺术大赛甘肃分赛	三等奖	省级	倪尚	12 数字媒体 1 班	2014.9
29	第六届全国大学生广告艺术大赛甘肃分赛	三等奖	省级	吴狄	12 数字媒体 2 班	2014.9
30	第六届全国大学生广告艺术大赛甘肃分赛	三等奖	省级	黎明	12 数字媒体 2 班	2014.9
31	第 23 届金鸡百花电影节	微电影一等奖	全国	黎明	12 数字媒体 2 班	2014.9

表 14-2　西北民族大学现代教育技术学院学生科研课题立项情况一览

序号	项目名称	负责人	专业	年级	项目类别	指导教师
1	教育技术学专业学生实验素养培养策略研究——以西北民族大学为例	徐梅	教育技术学	2009 级	哲学社会科学	郭治虎
2	《地震应急避险常识》多媒体作品的设计与开发	冯春美	教育技术学	2009 级	自然科学类	马炅
3	移动学习理念与技术在民族院校的推广研究	唐森菊	教育技术学	2008 级	哲学社会科学	马永峰
4	关于和谐校园社团文化建设的研究	李行	教育技术学	2009 级	哲学社会科学	马炅
5	不同民族大学生在汉语阅读中句子加工差异的眼动研究	张忠利	教育技术学	2008 级	自然科学类	周鹏生、马春花
6	黄河兰州段水污染调查	于鑫	教育技术学	2009 级	自然科学类	马炅

14.2　研究结论与前景展望

14.2.1　研究结论

1. 电子档案袋评价能为学生确定个性化的发展目标

基于电子学习档案袋进行的学习过程，能不断收集学生发展过程中的信息，包括作品信息、活动信息、评价信息、自我认识的信息等，它不是给学生下一个精确的结论，更不是给学生一个等级或分数并与他人比较，而是更多地体现在对学生的学习过程的关注和关怀。

能发现学习过程中存在的问题并及时予以反馈从而加以纠正；能发现学生的潜能，从而最大限度地发挥学生的特长；能了解学生发展中的需求，帮助学生认识自我，从而确定个人的个性化的发展目标。

2. 电子档案袋评价能有效促进学生学习能力的提高

电子档案袋评价可以充分发挥学生的主动性，让学生参与到评价过程中。学生成为选择电子档案袋内容的一个决策者甚至是主要决策者，成为所提交作品之质量和价值的最终仲裁者，从而他们也就拥有了判断自己学习质量和进步的机会，而且强调学生自我评价的重要性，使得学生能够看到自己的进步和不足，激发学生不断进步，学习和实践能力也得到了有效的提高。

3. 电子档案袋评价是促进学生全面发展的有效工具

在电子档案袋评价中，学生被视为学习行为的真正主体，是学习过程的思考者、活动者、体验者、合作者和建构者。而且在评价过程中尊重每个学生的个别差异与个性特点，注重学习过程中主体价值的多元化与个性化。电子档案袋评价考虑学生的过去，重视学生的现在，更着眼于学生的未来，通过电子学习档案袋进行的学习和评价过程，能够使学生学会自我评价和自我反思，学会了合作学习，最终能够促进学生的全面发展。

4. 电子档案袋评价能够加强学生、家长和教师的互动和沟通

电子学习档案袋使用的过程中，除了教师和学生的教学、评价的互动，还允许学生家长的参与和评价，让家长时刻关注自己孩子成长过程的点点滴滴，了解孩子的每一点进步和成长，这有利于学生、家长和社会共同参与评价，特别是让家长能看到自己的孩子在学习方面所取得的成绩，更加支持学生的学习，更加支持和配合学校的教学改革工作，使学校和家长的互动进入良性循环的轨道。

5. 电子学习档案袋成为一种有效的学习工具和过程性评价的手段

过程性评价不仅可以帮助学生强化已学知识，也可以帮助学生巩固和发展知识点。过程性评价通常受到学生的喜爱，因为它更多的是帮助学生表现已知的而不是未知的知识。过程性评价也受到老师的欢迎，因为这不需要很多的讲授或者评分，甚至学生也可以创造一种特定的过程性评价活动。

过程性评价强调学习过程，重视评价的反馈机能，过程性评价不仅可以使学

生明确今后如何学，而且可以使教师明确今后怎样教，帮助教师完成既定的教学目标。

基于电子学习档案袋进行的过程性评价，有助于教师及时发现教学中的问题，提出改进措施，修正教学计划，成为促进有效学习的一种重要的手段和工具。

14.2.2　前景展望

电子档案袋作为 21 世纪信息化时代和新媒体环境依托下的个性化的学习、评价平台，其发展应用是大势所趋，电子档案袋在信息时代和终身学习社会中的应用前景将十分广阔。

对此，我们要积极做好相应的准备，抢占未来学习型社会发展的制高点，我们应该从以下几方面着手。

1. 加大基础研究和应用研究的力度

我们可以针对国内的已有基础设施建设，一方面从终身学习、网络学习的视角，在借鉴国外已有成果的基础上，加大对其基础研究和实施方案的应用研究；一方面在实践中可以利用已有成熟的社会性软件和新媒体技术，逐步把过程性评价、发展性评价的形式和思想引入到教与学的过程中。

2. 把终身学习的理念纳入教育的评价体系中

电子档案袋不仅是用来评价的，还是学习者进行学习的空间，其学习的记录是学习者走上社会进行工作前的最有效、真实的资质评价依据。

如果按照这样终身学习观念来设计档案袋评价系统，那么在人生的不同发展历程，就应该反映档案袋不同群体使用的个性化的特点，如在幼儿园阶段、小学阶段、大学阶段、工作阶段等，其具体功能所应有所异同。对教师而言，可以使用"展示型电子档案袋"，重点记录教师的专业发展和成长的过程；对于一门课程的学习而言，我们可以使用"评价型的电子档案袋"，其主要目的是通过过程性评价来促进学生学习能力的提高；当然，也可以使用"复合型电子档案袋"，将几种功能集合于一个平台上，既能记录教师和学生在教学中的个人信息，可以适时导出成为个人成长的档案，也能够记录学生学习过程的学习和评价的信息。

这种个性化的电子档案袋体系，在教育领域已经开展了起来。甘肃省兰州市教育局已经在兰州市教育系统率先应用了"教师成长电子档案"。利用网络平台，所有的幼儿园、小学和中学的教师都利用电子档案袋这个平台，记录和保存教师的成长过程的经历和发展成果，与同行教师共享发展的过程和成功的喜悦。

随着电子档案袋评价的进一步发展，我们可以把定性评价与定量评价有机结合起来，还可以从社会学、心理学、教育学等不同方面建立一些关于学习、关于认知的指标体系，应用一定的算法对电子档案袋信息进行分析，以获得一些定量研究数据。这不是一些简单的数据，而是能够从个性心理学层面展开研究的数据，也就是进行某种基于电子档案袋的数据挖掘的研究工作，以把教育教学评价研究工作全面推向深入。

　　在教育改革的大背景下，如何将过程性评价与终结性评价结合，将定性评价与定量评价结合，既要考虑幼儿园、小学、中学和大学阶段的学生的学习评价的不同特点，又要考虑作为社会公民的终身学习评价，同时又要兼顾社会整体长久的发展趋势，这些都是需要认真研究的课题。

第 15 章　结语：MOOC 将引领信息化学习的新时代

以教育信息化带动教育现代化，是我国教育事业发展的战略选择。促进优质教育资源普及共享，推进信息技术与教育教学深度融合，实现教育思想、理念、方法和手段全方位创新，对于提高教育质量、促进教育公平、构建信息化和学习型社会具有重大意义。

2012 年成为世界高等教育发展史上很重要的一年，因为在这一年，大规模在线开放课程（Massive Open Online Course，MOOC，或译成"慕课"）作为一种新型在线教育模式闯入人们视野，给互联网产业及在线学习、高等教育带来巨大影响。

15.1　MOOC 课程模式的起源与发展

MOOC 最早可追溯于 2007 年。当时，美国犹他州立大学的大卫·威利（David·Wiley）教授基于维基（Wiki）发起了一门开放课程"Intro to Open Education（开放教育导论）"。世界各地的用户都可以分享课程资源，参与课程创新。2008 年 1 月，加拿大里贾纳大学（University of Regina）的阿列克·考斯（Alec·Couros）教授开设了网络课程"Media and Open Education（媒体与开放教育）"，并邀请全球众多专家远程参与教学。这两个项目为 MOOC 课程模式的诞生奠定了思想基础和技术准备，可说是 MOOC 的前身。

MOOC 这个名称是 2008 年由加拿大学者戴夫·科米尔（Dave·Cormier）和布莱恩·亚历山大（Bryan·Alexander）提出的，是他们在马尼托巴大学开设的一种新型的大规模开放在线课程英文名"Massive Open Online Courses"首字母的缩写[64]。

2012 年 9 月 16 日，维基百科上对 MOOC 的定义为"一种参与者分布在各地，而课程材料也分布于网络之中的课程"，并且"这种课程是开放的，规模越大，它的运行效果会越好"。它通过基于主题或问题的讨论与交流将分散在世界各地的学习者和教师联系在一起。2012 年 9 月 20 日，该定义演变为"MOOC 是一种以开放访问和大规模参与为目的的在线课程"。MOOC 既是远程教育领域的新发展，也是开放教育资源所推崇的开放教育理念的新发展。尽管 MOOC 的设计与传统课程有些类似，但是其典型特征在于它不提供学分。不过为了相关认证，它也可以对学习进行评估[65]。

2008 年 9 月，加拿大学者乔治·西蒙斯（George·Siemens）和斯蒂芬·唐尼斯（Stephen·Downes）应用这个概念开设了第一门真正的 MOOC 课程 "Connectivism and Connective Knowledge Online Course（关联主义学习理论和连接的知识）"。该课程结合了威利（Wiley）的开放内容和考斯（Couros）的开放教育思想，同时还支持学习者以多种形式参与学习，如通过 YouTube、博客、Twitter 及其他社会性软件学习。唐尼斯认为：MOOC 是一种参与者和课程资源都分散在网络上的课程，只有在课程是开放的、参与者达到一定规模的情况下，这种学习形式才会更有效。MOOC 不仅是学习内容和学习者的聚集，更是一种通过共同的话题或某一领域的讨论将教师和学习者连接起来的方式[66]。

15.2 MOOC 的三大课程平台

15.2.1 Udacity

2011 年 4 月，塞巴斯蒂安·史朗（Sebastian·Thrun）教授放弃了斯坦福大学终身教授的职位，加入谷歌并且成为副总裁。2011 年秋季，他在线开设了课程 "Introduction to Artificial Intelligence（人工智能导论）"，来自 190 个国家的 16 万人注册这门课程的学习[67]，最后 2.3 万人完成了整个课程的学习。2012 年 1 月，塞巴斯蒂安·史朗创建了 Udacity[68]，目标是大众化教育，将顶尖的大学课程免费开放给全世界所有的人。9 万学生注册了于 2012 年 3 月开设的 "搜索引擎的开发" 和 "无人驾驶车辆的程序设计" 两门课程。2012 年 10 月，在 3000 万美元的风险投资基金支持下，Udacity 有了 14 门免费课程。到 2013 年 8 月，免费课程已经增加到 28 门。其课程内容以数学和理工科为主，主要有数据科学（Data Science）、网站开发（Web Development）以及软件工程（Software Engineering）三大类，目前 Udacity 计划推出生物科技、制药等课程，并已经开始虚拟实验室的建设。

15.2.2 Coursera

2011 年 10 月，斯坦福大学计算机教授吴恩达（Andrew）提供的免费的斯坦福在线课程 CS229a[69]，超过 10 万学生注册。课程包括很有特色的小测验和计分的编程作业。之后，吴恩达教授创建了 Coursera[70]，得到了 1600 万美元的风险投资。合作发起的大学有斯坦福大学、密歇根大学、普林斯顿大学和宾夕法尼亚大学等。到 2013 年已有加州理工学院、哥伦比亚大学、佐治亚理工学院、杜克大学、俄亥俄州立大学、莱斯大学、加州大学伯克利分校、伊利诺伊大学香槟分校、马里兰大学、弗吉尼亚大学、华盛顿大学、香港科技大学、英属哥伦比亚大学、多伦多大学、洛桑联邦理工学院和新墨西哥大学等近 90 所大学加入。到 2014 年 11 月，Coursera 已有超过 600 门课程可供学生在线选择。

15.2.3　edX

2012 年秋季,麻省理工学院和哈佛大学分别提供 3000 万美元资源创建了 edX 平台[71]。学员在完成规定课程学习基础上，只需交少量的费用即可得到结业证书，但是 edX 却不能作为麻省理工学院或者哈佛大学自己的学生的学分课程。目前开设有接近 150 门课程。

据美国《高等教育纪事报》2014 年 6 月 13 日报道，哈佛大学和麻省理工学院联合公布了 edX 平台 16 门 MOOC 课程的统计数据，以了解不同类型课程的受众情况及其学习进度和效果。50 多万名学生参与了此次调查，调查结果如下。

(1)MOOC 学员男性比例较高。数据显示，传统校园里的男女生比例分别为 43%和 57%，而在参加 MOOC 的学生中，女性占 24%，男性占 76%。工程学、计算机科学等课程的 MOOC 学员几乎全部是男性。

(2)MOOC 对于已经获得大学学位的学员更有吸引力。也有不少具有高中学历的学员选择工程学、材料科学等课程。

(3)MOOC 学员的平均年龄为 24 岁。参加计算机科学课程的学员中，年龄最小的仅 12 岁；参加人类学课程的学员中，年龄最大的有 40 多岁。

(4)MOOC 学员现已经遍布全球，其中 1/3 的学员来自北美，因 MOOC 发端于此。MOOC 学员的课程选择开始呈现地区分布趋势，如社会科学课程的非洲学员人数是其他课程非洲学员人数的两倍，而南亚的学员则热衷于工程学、计算机科学等课程。

(5)近半数学生从未完成 MOOC 课程的学习。MOOC 课程大多被分解成 11～48 章，仅 3%的学生能坚持学完全部课程，仅不到 10%的学生能坚持学习一半的课程。

(6)欧洲学员学习的 MOOC 课程数量最多,参与率最高;而东亚(中国和日本)学员学习的课程数量最少。另外，社会科学类课程的参与率最高，而人文科学类课程的参与率最低。

(7)课程参与率最高的人群是已获得博士学位的学员。此外，高中未毕业的学员的课程参与率也较高，在计算机科学等课程中，他们的参与率仅次于拥有博士学位的学员；在人文科学类课程中，他们的课程完成量高于拥有其他学历的学员。

(8)大多数学员仅注册了一门 MOOC 课程，注册了多门 MOOC 课程的学员的参与率更高，而注册课程多于 6 门的学员的课程参与率则下降。

15.3　MOOC 的分类与特点

15.3.1　MOOC 的分类与区别

MOOC 包括联通主义大规模开放网络课程 cMOOC 和美国知名高校运用行为主义的方法开发的 xMOOC 两种，二者在教学理念上差异很大，一般媒体上常见的是 xMOOC。

其区别包括：cMOOC 强调创建、创造性、自主性和社会网络学习；xMOOC 强调视频演示、小测验、测试等传统的学习方法。换言之，cMOOC 关注知识创造与生成，而 xMOOC 关注知识重复。

具体从实践来看，cMOOC 均是单个课程，由教师个人组织和实施，大学官方机构不参与，而 xMOOC 模式的开放课程基本上以开放课程项目网站的形式运行，每个网站会有数十到上百门课程。在组织机构方面，xMOOC 采用公司化运营形式，有外部资金投入，具有商业化潜力，并且和多所知名高校合作。这些规模较大的 MOOC 课程网站为更多学习者提供了开放的学习资源和学习工具，而且它们组织严密、流程规范，无论规模、受益面还是社会影响均远超 cMOOC。

15.3.2　MOOC 的组成要素

学者 Kop 和 Ahrache 等认为，MOOC 由 5 个主要元素组成，即教师、学习者、主题、学习材料和情境。

学者李青、王涛观察和分析了十门 MOOC 课程，总结出了 MOOC 的一般运行模式，从中提取出 MOOC 的组成要素为"物的要素"和"人的要素"两大类，其中物的要素包括平台与工具、课程信息、学习活动；人的要素包括课程教师、学习者、课程协调人等。

15.3.3　MOOC 的特点

学者李青、王涛认为，从课程本身来说，MOOC 具有如下的特点：

(1)具有比较完整的课程结构(课程目标、协调人、话题、时间安排、作业等)，这是一般的网络主题讨论没有的；

(2)是一种资源和信息均开放且全部通过网络传播的教育形式，没有人数、时间、地点限制；

(3)是一种拥有大量参与者的巨型课程，使用海量资源；

(4)学习者可以根据自己的习惯和偏好使用多种工具或平台参与学习,学习环境是开放和个性化的;

(5)是一种生成式课程,课程初始时仅提供少量预先准备好的学习材料,而学习者更主要是通过对某一领域的话题讨论、组织活动、思考和交流获得知识[72]。

15.4　MOOC 的理论基础与原则

15.4.1　联通主义学习理论

学习理论研究人类的学习过程,一般可分为行为主义学习理论、认知主义学习理论和建构主义学习理论三类。这些理论立足于不同的观点,从不同方面解释了人类学习的机制。

乔治·西蒙斯(George·Siemens)认为,现有的学习理论无法解释网络环境下学习的基本特征,由此在 2005 年提出了基于网络环境的联通主义学习理论,他也是 MOOC 课程模式的缔造者之一。

MOOC 课程提倡把大家的想法连接在一起以获得更多的知识,这种理念就来自于联通主义学习理论。

联通主义学习理论的基本思想是:

(1)知识是网络化联结的,学习是连接专门节点和信息源的过程[73]。学习的控制权掌握在学习者自己手里,学习的起点是个人,个人的知识组成了一个网络,这种网络被编入各种组织与机构,反过来各组织与机构的知识又被回馈给个人网络,提供给个人继续学习。这种知识发展的循环(个人对网络对组织)使得学习者通过他们所建立的连接在各自的领域保持不落伍。

(2)学习又是一个过程,这种过程发生在模糊不清的环境中,学习(被定义为动态的知识)可存在于我们自身之外(在一种组织或数据库的范围内)。我们可将学习集中在专业知识系列的连接方面。这种连接能够使我们学到比现有的知识体系更多、更重要的东西[74]。

联通主义学习理论运用在课程设计中使得 MOOC 课程和传统课程有较大的差异。传统课程中,教师提供的资源和活动处于学习和互动的中心,它们限定了知识探究的边界,学习者学什么和怎么学都是预先计划好的。而在 MOOC 课程中,教师提供的资源成为知识探究的出发点,学习者产生的内容成为学习和互动的中心,学习者提供的资源扩展和放大了知识的界限。因此,学习成为对网络信息的遍历和建构,通过社区内不同认知的交互而形成新的知识[75]。

15.4.2　MOOC 课程的基本原则

与联通主义的基本观点相对应，斯蒂芬·唐尼斯 (Stephen·Downes) 等总结出 MOOC 课程的若干基本原则。

1. 汇聚原则

在传统课程中，学习内容是由教师提前准备好的，而在 MOOC 课程中，大部分内容是动态汇集的。课程为分布在互联网各处的海量内容提供了一个集合点，这些内容会通过网页或课程通信等形式聚合以提供给课程的使用者。这些内容是无止境的，学习者很可能不能读完所有的内容，他们应该根据自己的兴趣选择要学习的内容。

2. 混合原则

学习过程中学习者将课程中的内容和课程外的内容相互混合，将学习者自己的资源和课程资源混合。通常的做法是撰写博客，通过社会性书签记录和分享新资源，参与论坛讨论，使用 Twitter 发表简短的意见等。

3. 转用原则

根据学习者自己的目标，转用聚合的课程资源以及混合后的资源。课程的目标不是让学习者重复课程已有的内容，而是鼓励他们在此基础上有所创新，学习者可以基于课程已有知识，根据自己的理解和想法编撰新的内容。

4. 分享原则

学习者应该积极与课程的其他学习者以及课程外的所有人分享自己所创作、混合或转用的创意和内容，引起更多的回应和评论。分享的内容可以是新资源、新观点、新见解等。这些内容中有价值的部分也会被课程协调人聚合到课程通信中[76]。

15.5　MOOC 课程和传统开放课程的比较

MOOC 课程模式和传统开放课程相比具有以下几点优势。

1. 易于使用

只要能上网就可以参与学习，即使未注册用户也可以使用 MOOC 提供的丰富资源。这些资源可以通过各种设备访问，而且随着用户对于移动学习需求的增加，很多课程已经开始支持使用手机等移动媒体终端学习。

2. 免费使用

课程的很多资源都是免费的，任何人都可以免费浏览和分享。而 MOOC 的学习支持工具等也都有免费版本选择。学习者可以免费注册加入课程的论坛、虚拟教室、微博平台等。

3. 工具资源多元化

课程不受时间、地点和工具的限制，任何人在任何时间、任何地点都可以选择自己喜欢的工具进行学习。课程中的资源是多元化和冗余的，学习者可以根据自己的需要选择。例如，即使不能够及时参加课程的实时会议，也可以之后通过观看视频记录来跟上进度。同样，学习者也可以选择喜欢的工具进行辅助学习。

4. 自主学习

学习者完全掌握学习的控制权，自己选择学习内容，掌握学习进度。MOOC也不会强制要求学习者完成作业、测验等，这些都为学习者营造了宽松的学习氛围，使学习者能够从自身的兴趣出发进行学习。

5. 社会性建构

MOOC的最大特点就是通过思维的碰撞产生新的知识，学习者来自各行各业，可能是领域专家、公司职员，也有可能是家庭主妇、学生。MOOC课程主要的学习形式就是通过话题的讨论展开学习，所有学习者都可以和不同的人进行观点交流，提出疑问，寻求解答，从不同的观点中获得启发。

MOOC课程提供了一种自学为主的开放式和非正规的学习方式，也存在着一定的缺陷。对于课程的组织者来说，建构一门MOOC课程不仅需要发起者具有相当扎实的领域知识，更需要优秀的组织和协调能力。学习者分散在各个地区，年龄、风格和习惯也会有较大差异，兼顾和协调各种学习者群体将面临很多障碍。而知识背景和文化上的差异，也在某种程度上造成了交流上的困难。因此，建设一门成功的MOOC课程需要投入大量的时间和精力。

对于学习者来说，学习MOOC课程也有一定的门槛。

第一，虽然课程本身是可以自由加入的，但是要想投入到学习中，需要具备一定知识背景和技术素养，并投入一定的时间和精力，起码能够熟练使用工具从课程获取信息，并参与课程讨论。

第二，课程在知识结构和组织方式上具有去中心化、自组织和内容动态产生的特点，课程内容分散在各种网络上，学习参与者使用多种平台进行资源的分享和话题讨论。如果缺乏指导和帮助，学习者很容易迷失，不知道该从何学起，需要花费多少时间，接下来的步骤又是什么。

第三，MOOC 课程以学习者为中心，学习者对自己负责，需要自我调节适应学习。大量的可共享的资源分布在网络上，没有专门的指导和督促，也没有强制的要求。同样，课程以获得知识为目标，不会给完成任务的学习者额外奖励，往往造成学习者缺乏外部学习动机。以上这些问题都是 MOOC 课程模式存在的一些问题，是由该模式本身特点造成的。但是，我们也看到不少 MOOC 课程的组织者正在努力克服这些缺点，如颁发课程证书，以及在课程中对初学者给予指导，帮助他们适应课程的组织方式。

15.6 大数据时代 MOOC 教育的特征

与传统远程教育相比，MOOC 教育更具有大数据时代的突出特征，具体包括以下几项。

1. MOOC 学习群体中学生个体的多样性

每门课程往往要面向数以万计不同背景的学生，每个学生的已有知识水平、学习能力差异较大，对学习的兴趣、热情、方法等存在差异。这种差异性在海量的学生群体下更为放大，如何根据不同学生的特点，在学习同一门 MOOC 课程过程中实现自适应的主动式学习，成为 MOOC 教育的具有挑战性的问题。

2. MOOC 教学模式的互动性和实时性

MOOC 教学内容以片段式的多媒体视频交互为主体，学生在看完一段视频学习后，需要做多项选择的测试题，来回顾和思考该视频的教学内容。围绕教学视频和作业所展开的网上互动对 MOOC 学习是非常重要的，面对海量学生群体的各种疑问和困惑，授课教师必须依赖网络群体互动模式并发动优秀的学生成为助教志愿者，与教师一起解惑答疑，实现 MOOC 教育的互助式学习。所有相关的 MOOC 学习行为数据，都将实时地以网页点击流的方式记录下来，以便用于进一步学习建模和数据分析。

3. MOOC 教学的海量数据和价值

大规模的 MOOC 教育为教学法的定量化研究提供了全新的机遇和手段。成千上万学生的实时学习数据都将被 MOOC 平台及时记录、分析和评价。一位 MOOC 课程教师在几周时间内的 MOOC 教学实践所积累的学习数据几乎是其借助传统课堂教学几十年才能收集的数据集合。因而 MOOC 教育的大数据效应，无疑是检验新教学法、教案设计和教学评估的大规模学习实验室。

在这样以网络环境为支撑的 MOOC 学习实验室里，授课教师为每个学生创建独立的学习行为电子档案袋，实时记录每个学生对课程当前掌握的情况和学习的历史信息，从而对学生的学习行为进行深入的定量研究，这实际是电子学习档案袋在大数据时代基于 MOOC 教育模式的一种全新升级。通过分析学生学习数据，可以建立和优化相应的学生行为模型和分析预测方法，实现自适应的、个性化的教学辅导。同时综合大量学生的学习行为，分析学生目前所掌握的知识概念、方法技巧、课程学习的独特轨迹和学习兴趣特质等，发现内在的学习模式，通过评价学习的整体效果和存在的问题，进而改进教学方法、教程设计，制订更合理的教学大纲[77]。

作为一种新兴的教育形态和模式，MOOC 的好处是显而易见的。知识翻越了学校的围墙，给更多人带来了学习的机会，科勒在 TED 大会上曾说，MOOC 的出发点是认为教育是人的基本权利，全世界任何一个有学习能力和学习动机的人都可以获得他们需要的技能，来改善自己的生活，让家人生活得更好，为社会作更多的贡献。萨尔曼·可汗则认为，虚拟与现实结合的"混合式学习"可以大大提高学生的学习效率。Google 研究主管诺维格更从学习心理学的视角判断，MOOC 是个性化学习的最佳途径。

工业革命到来时，传统教育实现了学徒制向公共学校教育的转型。在知识经济的时代，以学校为中心的教育体系也在不断拓展，为终身教育这一新学习时代搭建平台。新学习时代已经不仅仅只是课堂教学，家庭教学、工作培训、E-Learning、教育电视、学习软件、网络视频等纷至沓来，而 MOOC 显然已成为一个引领者，其全新的教学模式使教育得以不断汲取新技术的养分，学习者也将拥有更强的学习能力。当然，MOOC 才刚刚开始，要想实现其美好愿景，需要学习者、学校和教师、技术专家、投资人乃至政府的共同面对。

20 世纪 90 年代以来，国家实施的一系列重大工程和政策措施，为我国教育信息化发展奠定了坚实基础。面向全国的教育信息基础设施体系初步形成，城市和经济发达地区各级各类学校已不同程度地建有校园网并以多种方式接入互联网，信息终端正逐步进入农村学校；数字教育资源不断丰富，信息化教学的应用不断拓展和深入；教育管理信息化初见成效；网络远程教育稳步发展，为构建终身学习体系发挥了重要作用。教育信息化对于促进教育公平、提高教育质量、创新教育模式的支撑和带动作用初步显现。

　　必须清醒地认识到，加快推进教育信息化还面临诸多的困难和挑战。对教育信息化重要作用的认识还有待深化和提高；加快推进教育信息化发展的政策环境和体制机制尚未形成；基础设施有待普及和提高；数字教育资源共建共享的有效机制尚未形成，优质教育资源尤其匮乏；教育管理信息化体系有待整合和集成；教育信息化对于教育变革的促进作用有待进一步发挥。推进教育信息化仍然是一项紧迫而艰巨的任务。

参 考 文 献

[1] 国务院. 中国教育改革和发展纲要. 1993: 5

[2] 维基百科. http: //zh. wikipedia. org/wiki/媒介

[3] 王蕊, 李燕临. 数字媒体设计与艺术. 北京: 国防工业出版社, 2012

[4] 马炅. 计算机网络的理论与实践. 西安: 陕西师范大学出版社, 2011

[5] 诗兰. 网络对大众及传播学理论的影响. 国际新闻界, 2000, (6): 49

[6] http: //zh. wikipedia. org/wiki/传播史

[7] 李四达. 数字媒体艺术概论. 2 版. 北京: 清华大学出版社, 2012

[8] 雷彦兴, 刘桂雪. 档案袋评定的电子化构架及开发策略. 电化教育研究, 2003, 1: 17-22

[9] Barrett H. Create your own electronic portfolio. Learning &Leading with Technology, 2007:27

[10] 钟志贤. 信息化教学模式. 北京: 教育科学出版社, 2006

[11] 何克抗. 教学系统设计. 北京: 师范大学出版社, 2002

[12] 刘淑杰, 陆兴发. 新课程理念下教师教学评价方法探微-美国教学档案袋评述. 外国教育研究, 2002, 29: 79

[13] 林雯. 档案袋在我国研究及应用现状分析. 开放教育研究, 2005, 11(4): 56-58

[14] 胡中锋. 学生"档案袋"的新内涵与类型. 现代教育论丛, 2007, 3: 32-35

[15] 钟志贤, 吴初平. 电子学习档案袋——远程学习中一种有效的过程性评价工具. 中国远程教育, 2008, 5: 46-49

[16] 徐晓东. 学习文件夹评价法的理论与方法. 网络时代的教与学研讨会, 2001: 129-132

[17] 何玲. 宾夕法尼亚大学学生的电子档案袋. 环球采风, 2006, 4: 36

[18] 石钰峰. 国外电子档案袋发展的现状及其反思. 中小学电教, 2007, 2: 5-6

[19] 庞艳霞. 构件化电子学档系统的设计与开发. 上海: 华东师范大学, 2001: 125-126

[20] 王佑镁. 电子学档的设计与应用研究. 北京: 中央广播电视大学出版社, 2009: 78-81

[21] 祝智庭. 教育信息化与教育改革. http://www.shtvu.edu.cn/zhzht/left.html[2009-6-5]

[22] 行为主义学习理论. http://www.teacherclub.com.cn/tresearch/a/1097925925cid00001 [2008-3-18]

[23] 马炅. 《微型计算机的组成》专题学习网站的设计及在中学生学习中的应用研究. 兰州: 西北师范大学, 2004: 13-14

[24] 王佑镁. 电子学档的理论与应用研究. 南昌: 江西师范大学, 2002: 25-27

[25] Moodle. http://baike.baidu.com/view/283396.htm[2012-12-10]

[26] Blog. http://baike.baidu.com/view/560.htm[2013-7-11]

[27] 刘秀菊. Blog——实施电子档案袋评价的高效平台. 中国科技信息, 2008, 14: 128

[28] QQ 百度百科. http://baike.baidu.com/view/1535.htm[2014-4-1]

[29] http://www.baike.com/wiki/wiki[2014-5-12]

[30] 庄秀丽. 电子档案袋评价与网络互联学习. 中国电化教育, 2005, 7: 77-79

[31] 乌美娜. 教学设计. 北京: 高等教育出版社, 1994: 34-35

[32] 白俊, 刘家勋. 电子档案袋在教学评价中的应用研究. 教育技术导刊, 2007, 9: 78-81

[33] 魏小山. 信息技术过程性评价的实践性思考. 中小学信息技术教育, 2006: 7-8, 23

[34] 藏鸿雁. 成人学习的过程性评价实证研究. 开放教育研究, 2012, 18(5): 102

[35] 耿广森, 崇敬红. 中小学生学业成绩改革初探. 教育实践与研究, 2003, 1: 34-37

[36] 黎加厚. Blog 与教育——体验生命历程共享. 信息技术教育, 2004, 2: 76-79

[37] 毛向辉. Blog 的教育应用面面观. 现代教育技术, 2003, 8: 23

[38] 庄秀丽. 电子档案袋评价与网络互联学习. 中国电化教育, 2005, 7: 89-92

[39] 高凌飚, 钟媚. 过程性评价——概念、范围与实施. 上海教育科研, 2005, 9: 44-47

[40] 刘洋, 兰聪花, 马炅. 电子档案袋评价与传统教学评价的比较研究. 电化教育研究, 2012, 2: 61-64

[41] http://transition.alaska.edu/www/portfolios[2009-10-7]

[42] 黎加厚, 王旭卿. 电子作品集——我国学校教学改革中应用现代教育技术的新发展. 中国电化教育, 2001, 1: 15-18

[43] 谈成访, 刘艳丽. 电子学习档案袋——一种有效的过程性评价工具. 信息技术教育, 2006, 10: 24-27

[44] 雷彦兴, 刘桂雪. 档案袋评定的电子化构架及开发策略. 电化教育研究, 2003, 10: 112-114

[45] 王佑镁. 电子学档——信息化教学新思路. 中国电化教育, 2002, 10 : 18-22

[46] 董自明. 刍议信息技术教学中电子档案袋评价原则. 中国教育信息化, 2008, 16: 45-49

[47] 林雯, 王志军. 促进元认知发展的电子档案袋的设计与应用. 中国电化教育, 2006, 7: 96-100

[48] 韩文战, 丛磊. 关于提高网络教育中有效学习的分析研究. 教育技术研究, 2009, 2: 72-76

[49] 王天蓉, 徐谊. 有效学习设计——问题化、图式化、信息化. 北京: 教育科学出版社, 2010

[50] 刘军. 整体网分析讲义. 上海: 格致出版社, 2009: 49-50

[51] 罗家德. 社会网络分析讲义. 北京: 社会科学文献出版社. 2005: 13, 76-77

[52] 王彭鹏, 范艳萍. 大学班级人际关系研究——整体网视角. 河海大学学报, 2010, 4: 39

[53] 刘军. 社会网络分析导论. 北京: 社会科学文献出版社, 2004: 25-26

[54] 王陆, 马如霞. 意见领袖在虚拟学习社区社会网络中的作用. 电化教育研究, 2009: 74-78

[55] 赖文华, 叶新东. 虚拟学习社区中知识共享的社会网络分析. 现代教育技术, 2010, 10: 97-101

[56] 邱峰, 叶新东. 网络学习社区的社会网络研究. 现代教育技术, 2010, 2: 37

[57] 刘军. 整体网分析讲义——UCINET+软件应用. 第二届社会网与关系管理研讨会, 哈尔滨, 2007: 206

[58] 邱均平, 熊尊研. 基于学术 BBS 的信息交流研究——以北大中文论坛的汉语言文学版为例. 图书馆工作与研究, 2008, 8: 45-47

[59] 覃泽宇, 刘德怀. 社会网络分析法在网络学习中的应用研究. 宁波教育学院学报, 2009, 10: 79-81

[60] 郭立亚, 朱瑜. 社会网络分析法在运动队结构和人际特征分析中的应用探究. 中国体育科技, 2005, 41: 77

[61] 陈淑洁, 叶新东, 邹文才. 社会网络分析在网络课程评价中的应用研究. 现代教育技术, 2009, 3: 26-30

[62] 魏顺平. 社会网络分析及其应用案例. 现代教育技术, 2010, 3: 78

[63] 邱峰. 叶新东. 网络学习社区的社会网络研究. 现代教育技术, 2010, 2: 39

[64] 郝丹. 国内 MOOC 研究现状的文献分析. 中国远程教育, 2013, 11: 42

[65] Wikipedia: MOOC. 2012

[66] 伍民友, 过敏意. 论 MOOC 及未来教育趋势. 计算机教育, 2013, 20: 5-6

[67] Sebastian T. On the future of learning. http: //www.technologyreview. com/news/517181/sebastian-thrun-on-the-future-of-learning/[2013-09-05]

[68] Udacity. http://www.udacity.com/

[69] Andrew Ng. Machine Learning. https://www.coursera.org/course/ml

[70] Coursera. https://www.coursera.org/

[71] edX. http://www.edx.org/

[72] 李青, 王涛. MOOC: 一种基于连通主义的巨型开放课程模式. 中国远程教育, 2012, 3: 30-34

[73] George S. Connectivism: a learning theory for the digital age. Instructional Technology & Distance Learning, 2005, 2(1): 3-10

[74] 王佑镁, 祝智庭. 从联结主义到联通主义: 学习理论的新取向. 中国电化教育, 2006:3

[75] Downes S. Places to Go: Connectivism & Connective Knowledge. http: //innovateonline. info/pdf/vol5_issue1/Places_to_Go_Connectivism_&_Connective_Knowledge. pdf

[76] 李青, 王涛. MOOC: 一种基于连通主义的巨型开放课程模式. 中国远程教育, 2012, 3: 31

[77] 吴文峻, 吕卫锋. 大数据时代的大规模开放在线教育. 计算机教育, 2013, 20: 9